改訂版

オールカラー

中学校の地理が1冊でしっかりわかる本

代々木ゼミナール講師
宮路秀作

本書は、小社より2017年に刊行された『中学校の地理が1冊でしっかりわかる本』を、2021年度からの新学習指導要領に対応させた改訂版です。

かんき出版

はじめに
すべての地理学習の最初の1冊！

「地理って暗記ばかりでつまらないなぁ……」そう思っている中学生・高校生
「結局地理って、何を学ぶ科目だったの？」と、疑問を残したまま大人になった人
　そんなみなさんに読んでもらえるように、本書を執筆しました。

　地理とは「地球上の理（ことわり）」を学ぶ科目です。
　決して、山地や河川の名前を無機質に暗記するだけの科目ではありません。
　人間は、自然環境という制約の中で生活し、自分たちが手にした技術で自然を克服して
きました。地理は、人と自然のつながりを発見するために大切な科目なのです。

　私は、大学では地理学科に所属し、地理学を修めました。現在は、代々木ゼミナールと
いう予備校で、大学受験生に地理を教えたり、高校の先生向けに地理の教えかたについて
研修をしたりしています。
　うれしいことに、生徒たちから「先生の授業を受講して、地理がおもしろくなった！」、
「世の中をどのように見ればいいのかがわかった！」という感想をもらうことがあります。
どうしても地理が好きになれない人、地理のおもしろさを見いだせない人の誤解を解いて
いくこともまた、私の仕事だと思いながら、日々教壇に立っています。

　本書では、中学校の教科書に掲載されている内容を中心に、テレビや新聞などで見聞き
するニュースについても解説しています。とくに、自然地理分野についてはていねいに解
説し、地域の特色がなぜ生まれ、どのように変化していったのかを理解しやすいような説
明を心がけました。

　地理が苦手な人は、一つひとつの事象をぶつ切りに「暗記」しているだけで、それらに
よって構成される全体像をつかめていないことがあります。
　地理の本質は、現代世界そのものを知ることにあります。地理の基礎さえ理解できてい
れば、普段目にする事実を自然的観点、社会的観点から読み解くことができ、生活や文
化、産業などとのつながりや動きが、手にとるようにわかります。
　本書が、地理のおもしろさを知るきっかけになることを願っています。

『改訂版 中学校の地理が
1冊でしっかりわかる本』の7つの強み

その1 各項目に ここが大切! を掲載!

　すべての項目の最初に、その項目で一番のポイントとなる ここが大切! を掲載しています。「何を学ぶのか?」を最初に知ることで、頭の中を整理しながら本を読み進めることができます。

その2 ひとことポイント! でニュースがわかるようになる!

　各項目の右ページに ひとことポイント! を掲載しています。難しく感じる人の多い単語や事象の背景を、学校の授業では触れないようなさまざまな視点から解説しています。テレビや新聞で見聞きしたことがある世界の最新ニュースにも触れているため、目の前に広がる世界を身近にとらえることができます。

その3 中学生から大人まで楽しめる!

　本書は、地理をはじめて学ぶ中学生はもちろん、大人が学び直しをしたいときにもぴったりです。地理は現代世界そのものを学ぶことができる科目です。そのため、日々情報が更新されていきます。
　「今年の世界の人口は?」、「現在の日本で、製造品出荷額が最大の工業地帯は?」といった、「今」を知ることで、常に移り変わる時代の流れを知ることができます。

その4 「学ぶ順序」が教科書と同じ!

　項目の順番は、中学校の教科書（2021年度からの新学習要領に準拠）とほとんど同じになっています。本書で基礎的な知識を理解した後に、中学校で使っている教科書を読み込むと、さらに知識が定着し、理解力が伸びていきます。

その5 豊富なイラストや図版で理解が深まる！

　地理（geography）という言葉は、「地域を（geo）」、「描く（graphia）」というラテン語に由来しているといわれます。カメラがなかった時代は、自然も社会も、事象はすべて手描きでした。しかし、今は写真があります。さまざまな専門家が長年調査・研究してまとめたデータもあります。

　本書では、知っておきたい情報を視覚的につかめるように、さまざまな資料をもとに、できる限り多くのイラストや図版を掲載しました。

その6 用語集としても使える索引（さくいん）つき！

　巻末には、本書で登場する地理の用語とその意味を「意味つき索引」として掲載しています。

　本書を読んでいて用語の意味が気になったときはもちろん、ニュースで知らない言葉が出てきたとき、テスト前に一問一答で確認をしたいときなどに、活用してください。

その7 各項目にふりかえり問題 コレだけはおさえておこう！ を掲載！

　各項目の最後に、 コレだけはおさえておこう！ というふりかえり問題を収録しました。

　学習をするうえで大切なのは、用語を覚えて表面的な事実をなぞることではありません。本書では、解説を読み、内容を理解したうえで設問に答えることで、知識を自分のものにすることをめざしています。また、各項目で本当に大切な用語を厳選したため、暗記するだけの勉強ではなく、「何が話の核なのか？」がわかるようになります。

本書の使いかた

3 各項目を学ぶうえで、一番のポイントです

6 各項目の学びを深めるための解説です。本文の内容に関する具体的な例や、「どうしてそうなったのか？」という背景がわかります

1 各PARTで学ぶ単元です

2 この見開き2ページで学ぶ項目です

PART 1 ▶ 世界のすがた

01 世界に大陸はいくつあるの？
——6つの大陸と3つの大洋

ここが大切！
❶ 地球には6つの大陸が存在する
❷ 地球のすがたは地球儀もしくは世界地図で表す！

① 地球には6つの大陸が存在する

[大陸と大洋の名前と位置]

約3億年前の地球には、パンゲアと呼ばれる大陸が1つだけ存在していたといわれています。その後、大陸は細かく分裂し、ユーラシア大陸と北アメリカ大陸、アフリカ大陸、オーストラリア大陸、南アメリカ大陸、南極大陸となりました。こうして、現在、地球上には6つの大陸が存在します。南極地方には大陸が存在しますが、北極点のまわりには広大な氷が海に浮き、島がありません。大陸も存在しません。

地球は「水の惑星」と呼ばれます。地図を見ると、陸地よりも海洋のほうが広いことがわかります。実際の陸地と海洋の面積比は3：7で、とくに陸地は赤道より北側の北半球に偏っています。上の図を見ると、それがよくわかります。ところで水は「温まりにくく、冷めにくい」という性質があることを知っていますか？　海（＝水）が広く展開している南半球は「温まりにくく、冷めにくい」半球なのです。そのため、夏の気温は北半球ほど上昇しないということも知っておきましょう。

ひとことポイント！ 失われた7つめの大陸 ジーランディア

左ページで、地球上に存在する大陸は6つだと述べました。しかし最近、7つめの大陸が存在することがわかってきたのです。

名前をジーランディア大陸といい、今から約8000万年前にオーストラリア大陸から分裂したとされています。しかし、ジーランディア大陸の約94％が海面下に沈んでいるため、海面上に見えるのはほんのわずか。そのわずかな陸地が、ニュージーランドやニューカレドニアであると考えられています。

ニュージーランドは、キーウィやジャイアントモア（現在は絶滅）など、空を飛べない鳥が生息している一方、コウモリ以外の哺乳類が存在しない場所としても知られています。

ジーランディア大陸にはかつて歩行する哺乳類がいましたが、水没によって絶滅したと考えられています。天敵である哺乳類が絶滅したことによって、鳥たちが空を飛ぶ必要がなくなったというわけです。

水没したとはいえ、かつて陸地だったわけですから、石油や石炭などの化石燃料が発見される可能性があります。

② 地球のすがたは地球儀もしくは世界地図で表す

地球上で、赤道（10ページ参照）よりも北側を北半球、南側を南半球といいます。右の図では、北半球は北極点を中心に、南半球は南極点を中心にしていますが、ここからわかることはなんでしょうか。それは、どこを中心にしても、地球上のすべての地域を見ることはできないということです。北極点を中心にすると、南極点が見えないことがわかります。

地球をそのままの形で縮小した模型が、地球儀です。しかし地球儀は持ち運びに不便で、全世界を一覧できないという弱点があります。その点、世界地図では、ひと目で全世界を見ることができます。しかし、地球は球体である以上、世界地図という平面に表すと、必ず形や面積にずれが出てしまいます。そのため、距離、面積、角度、方位のどれを最優先させて表すか、目的にあわせて地図が作成されるというわけです。

地図について詳しくは、16ページから解説していきます。

[北半球と南半球]

北半球

南半球

コレだけはおさえておこう！
・地球上には［ ① ］つの大陸が存在する。
・地球上の陸地と海洋の面積比は、［ ② ］である。
・地球上の情報を表すのは、［ ③ ］や世界地図などがある。

答え ①6　②3：7　③地球儀

---

4 大切な要素を理解しやすいように、図やイラストがたくさんあります。解説とあわせて確認しましょう

5 基礎をおさえた、詳しくてていねいな解説です

7 項目ごとのふりかえり問題です。下の答えを隠しながら、内容を理解できたかチェックしましょう

特典動画の視聴方法

この本の特典として、「先生オススメの地理勉強法」「この本の読みかた」の動画を、パソコンやスマートフォンから視聴することができます。日常の学習に役立ててください。

1 インターネットで下記のページにアクセス

パソコンから　https://kanki-pub.co.jp/pages/smchiri/

スマートフォンから
QRコードを読み取る

2 入力フォームに、必要な情報を入力して送信すると、動画のURLがメールで届く

3 URLをクリックかタップして視聴する

もくじ

PART 4 日本のすがたを世界と比べる

PART 5 日本の諸地域

01 世界に大陸はいくつあるの？
──6つの大陸と3つの大洋

ここが大切！

❶ 地球には6つの大陸が存在する！

❷ 地球のすがたは地球儀もしくは世界地図で表す！

1 地球には6つの大陸が存在する

[大陸と大洋の名前と位置]

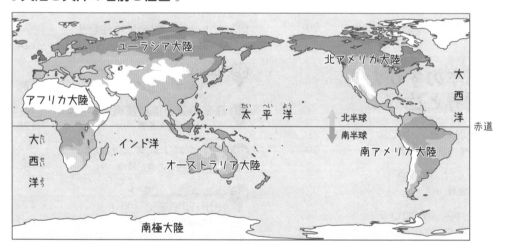

　約3億年前の地球には、パンゲアと呼ばれる大陸が1つだけ存在していたといわれています。その後、大陸は細かく分裂し、**ユーラシア大陸**と**北アメリカ大陸**、**アフリカ大陸**、**オーストラリア大陸**、**南アメリカ大陸**、**南極大陸**となりました。こうして、現在、**地球上には6つの大陸**が存在します。南極地方には大陸が存在しますが、北極点のまわりには広大な氷が海に浮き、島がありませんし、大陸も存在しません。

　地球は「水の惑星」と呼ばれます。地図を見ると、陸地よりも海洋のほうが広いことがわかります。実際の**陸地と海洋の面積比は3：7**で、とくに陸地は赤道より北側の北半球に偏っています。上の図を見ると、それがよくわかります。ところで、水は「温まりにくく、冷めにくい」という性質があることを知っていますか？ 海（＝水）が広く展開している南半球は「温まりにくく、冷めにくい」半球なのです。そのため、夏の気温は北半球ほど上昇しないということも知っておきましょう。

ひとことポイント!

失われた7つめの大陸 ジーランディア

左ページで、地球上に存在する大陸は6つだと述べました。しかし最近、7つめの大陸が存在することがわかってきたのです。

名前をジーランディア大陸といい、今から約8000万年前にオーストラリア大陸から分裂したとされています。しかし、ジーランディア大陸の約94％が海面下に沈んでいるため、海面上に見えるのはほんのわずか。そのわずかな陸地が、ニュージーランドやニューカレドニアであると考えられています。

ニュージーランドは、キーウィやジャイアントモア（現在は絶滅）など、空を飛べない鳥が生息している一方、コウモリ以外の哺乳類（ほにゅうるい）が存在しない場所としても知られています。

ジーランディア大陸にはかつて歩行する哺乳類がいましたが、水没によって絶滅したと考えられています。天敵である哺乳類が絶滅したことによって、鳥たちが空を飛ぶ必要がなくなったというわけです。

水没したとはいえ、かつて陸地だったわけですから、石油や石炭などの化石燃料が発見される可能性があります。

② 地球のすがたは地球儀もしくは世界地図で表す

地球上で、赤道（10ページ参照）よりも北側を**北半球**、南側を**南半球**といいます。右の図では、北半球は北極点を中心に、南半球は南極点を中心にしていますが、ここからわかることはなんでしょうか。それは、どこを中心にしても、地球上のすべての地域を見ることはできないということです。北極点を中心にすると、南極点が見えないことがわかります。

地球をそのままの形で縮小した模型が、地球儀（ぎ）です。しかし地球儀は持ち運びに不便で、全世界を一覧できないという弱点があります。その点、世界地図では、ひと目で全世界を見ることができます。しかし、地球は球体である以上、世界地図という平面に表すと、必ず形や面積にひずみが出てしまいます。そのため、距離、面積、角度、方位のどれを最優先させて表すか、目的にあわせて地図が作成されるのです。

地図について詳しくは、16ページから解説していきます。

[**北半球と南半球**]

北半球

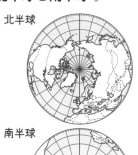

南半球

✎ コレだけはおさえておこう！

・地球上には　　①　　つの大陸が存在する。

・地球上の陸地と海洋の面積比は、　　②　　である。

・地球上の情報を表すのは、　　③　　や世界地図などがある。

02 地球はどのくらい大きいの？
——地球の大きさと形

1 地球は 1 周40000kmの惑星

「地球は丸い！」。これは15世紀の地理学者トスカネリの言葉です。現代では、科学的な視点から「地球が球体の形をしている」ということは常識として知られています。しかし大昔、地球のまわりを太陽が動いている（天動説）と考えられていた時代においては、地球は円盤状の大地であるといわれていました。

では、地球がどのくらいの大きさか知っていますか？ 実は、**地球 1 周は約40000km**です。右の図を見てください。地球を北と南に分ける境界線とな

[**地球の大きさ**]

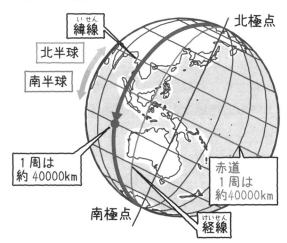

る**赤道**の全周と、**北極点**と**南極点**を結んだ線となる**経線**の全周の長さが、ともに約40000kmであることがわかります。経線、**緯線**について詳しくは12ページから解説します。

地球の半径が約6400kmですから、円周の長さの公式（半径×2×円周率3.14）を使えば、地球 1 周のだいたいの長さが計算できます。光は「 1 秒間に地球を 7 周半移動する速さ」といわれますが、地球 1 周が約40000kmということから考えると、光は 1 秒間あたり約300000km進む速さだと計算できます。

ちなみに、地球の半径が約6400kmということから、地球の表面積を計算してみると、4 ×円周率3.14×半径6400km×半径6400kmで、約5.1億km²となります。すぐには想像ができませんが、これは日本の国土面積の約1350個分に相当する大きさです。

天動説と地動説

かつて、地球のまわりを太陽が回るという天動説が信じられていました。とくに中世の時代におけるヨーロッパでは、キリスト教が定める価値観によって、天動説が根強く信じられていました。実際に、地動説を唱えた人物の中には、火あぶりの刑に処された人もいたほどです。

宗教と科学は、ときに対極に位置するものなのです。

その後、科学の発達によって、太陽のまわりを地球が自転しながら公転していることがわかってきました。これが地動説です。

自転することで昼と夜が、公転することで夏や冬といった季節が、それぞれ作り出されていくのです。

2 地球は、ほぼ球体

地球は、ほぼ球体なのですが、実は完全なる球体ではありません。「限りなく球体に近い形」をしています。これは、地球が自転（北極点と南極点を結んだ地軸を中心にした回転）をしているからです。

厳密に計測すると、北極点から南極点に向かい、再び北極に戻ってくるまでの40008kmよりも、赤道全周の40075kmのほうが、やや長くなっています。このことから地球は、**完全な球体ではなく、少しだけ南北につぶされた球体**ということがわかります。地球がほぼ球体であることから、地球の断面図の形は円になります。

[**地球と自転**]

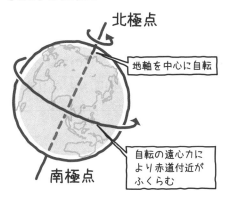

北極点

地軸を中心に自転

南極点

自転の遠心力により赤道付近がふくらむ

　ざっくりと定義すると、円周がおよそ40000kmの円を大円、40000km未満の円を小円といいます。つまり、地球では赤道全周やすべての子午線全周が大円となります。**大円上の1度あたりの距離はおよそ111km**（40000km÷360度）です。

✏ コレだけはおさえておこう！

・地球の赤道に沿った長さは、およそ ① km である。

・地球を限りなく球体に近い形とみなすと、赤道半径と経線半径はともに、およそ ② km である。

・地球は、やや ③ につぶされた球体である。

03 緯線と経線で位置を表す！

——緯度と経度

ここが大切！

❶「地球上の住所」は緯線と経線で表す！

❷ 時差の計算は経度の差を利用する！

1 「地球上の住所」は緯線と経線で表す

　地球上で、**国や都市などの位置を表すとき**は、**緯度と経度を使います**。

　たとえば東京（都庁）のおよその位置は、「北緯36度、東経140度」となります。こうした地球上の位置の表しかたを、詳しく見ていきましょう。

　緯度は、**赤道を0度**として、北極点、南極点までをそれぞれ90度ずつに分けたものです。赤道より北側を北緯○○度、南側を南緯○○度と表します。同じ緯度を結んだ線となる**緯線**は、必ず赤道と平行になります。

　経度は、イギリスのロンドンと北極点、南極点を通る**本初子午線**を0度として、東西そ

[緯度と経度]

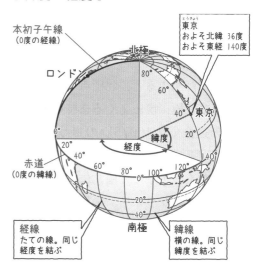

本初子午線（0度の経線）
ロンドン
北極
東京 およそ北緯 36度 およそ東経 140度
東京
緯度
赤道（0度の緯線）
経度
経線 たての線。同じ経度を結ぶ
緯線 横の線。同じ緯度を結ぶ
南極

れぞれ180度に分けます。本初子午線から東は東経○○度、西は西経○○度と表します。同じ経度を結んだ線を**経線**といい、これは赤道と直角に交わります。

　経度は、各地の時間と深い関係があります。地球では、太陽に面している地点は昼、反対側は夜となります。世界では、国や地域単位で**標準時**が設定されています。標準時は、ロンドンの本初子午線を基準に、経度の差に応じて割り出されたものです。日本の標準時を決める**標準時子午線**は、兵庫県明石市を通過する東経135度の経線です。日本では、どの都道府県でも**東経135度の標準時**が基準になっているのです。

　1日は24時間ですから、本初子午線での時刻が昼の12時とすると、12時間以上前と後では日付が変わります。そのため、本初子午線の反対側の経度180度に沿って**日付変更線**が設けられています。

気温は緯度によって変化する！

地球は自転をしているため、太陽から届くエネルギー量は、緯度によって差があります。これは、太陽に対する角度が緯度に応じて変わるためです。

右の図を見てください。赤道付近では、入射角（にゅう）が最大となるため太陽エネルギーがより多く届きますが、北極地方や南極大陸では入射角が小さくなるため、太陽エネルギーが届く量も少なくなります。

つまり、緯度が低くなる（赤道に近づく）ほど気温が高くなり、緯度が高くなる（赤道から離れる）ほど気温が低くなるのです。

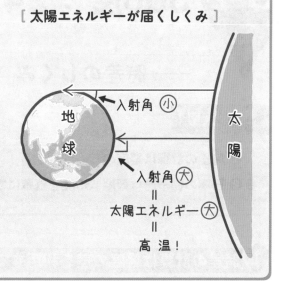

［ 太陽エネルギーが届くしくみ ］

② 時差の計算は経度の差を利用する

地球は、北極点と南極点を結んだ地軸を中心に自転します。1周するのに24時間かかるため、1時間あたり15度（360度÷24時間）回転しています。そのため、**経度差を利用して時差を計算する**ことができます。地球は丸いため、経度差は2つあります。正確に時差を計算するには、左ページで解説した**日付変更線をまたがない（本初子午線をまたぐ）経度差**を使います。

東京（東経135度）とロサンゼルス（西経120度）の時差を計算してみましょう。日付変更線をまたがない経度差は255度（135度＋120度）。これを1時間あたりの時差15度で割ると17時間となります。日本で1月1日の午前6時のとき、ロサンゼルスは12月31日の午後1時ということになります。詳しくは、次のページから解説していきます。

［ 日本とロサンゼルスの時差 ］

0度（本初子午線）

あわせて
255度÷15度＝17時間

135度　120度

東京
東経135度
（標準時）

日付変更線

ロサンゼルス
西経120度

✏ コレだけはおさえておこう！

・緯線は ① に平行で、同じ緯度を結んだものをいう。

・日本は、兵庫県明石市を通過する東経 ② 度を標準時としている。

・地球上の2地点間の時差を計算する場合、 ③ をまたがない経度差を利用する。

04 360度÷24時間は？

——時差のしくみ

ここが大切！

❶ 時差の計算は経度の差を利用する！

❷ 日本の標準時は東経135度を基準にする！

1 時差の計算は経度の差を利用する

　地球は24時間で１回転するため、多くの地域では、**１時間で経度15度の時差**が生じます。13ページで述べたように、時差の計算には、**時差を求めたい２つの地点の経度差**が必要です。しかし地球が球体である以上、**本初子午線**を通過する経度差と、**日付変更線**を通過する経度差の２つがあります。日付変更線をまたぐ経度差では日付が変わってしまうので、正確な時差を計算できません。そこで、本初子午線をまたぐ経度差を利用して時差を計算します。

　世界の国々は、自分の国の基準となる**標準時子午線**を決めて、それに合わせた時刻を標準時として使っています。しかし東西に長く広がる国では、国内で時差が生じてしまうため、標準時子午線を１つにすることが難しくなります。そうした国では、複数の標準時を設けています。ロシアやカナダ、アメリカ合衆国、オーストラリアなどが代表例です。

[ロンドンが１月１日午前0時のときの主な都市の時刻を表した地図]

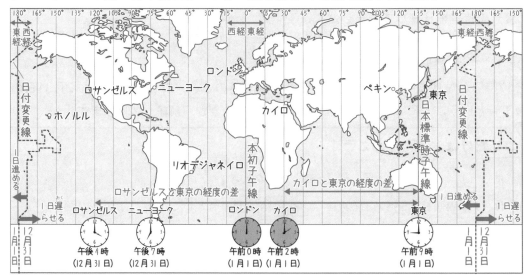

ひとこと ポイント！

世界で最初に 日付が変わるキリバス

世界で最も早く日付が変わる国は、キリバス共和国です。

　キリバスは、1995年1月1日に日付変更線をずらしました。これによって、世界で最初に日付が変わる国がトンガとサモアからキリバスへと変更されました。これをきっかけに、キリバス最東端のカロリン島はミレニアム島へと名前を変更しました。

　右のように、キリバスの国旗は太陽が水平線からのぼってくる様子を描いていて、世界

で最初に日付が変わる国としてふさわしいものになっています。

[**キリバスの国旗**]

②　日本の標準時は東経135度を基準にする

　日本の標準時子午線は、**東経135度**に定められています。

　これは兵庫県明石市を通過する経線です。この経線の上を太陽が通る時刻を正午として、標準時を定めています。日本は東経122度から東経154度と、東西にも広い国ですが、すべての都市は、東経135度を利用して時差を計算します。

　東京（東経135度）とアメリカ合衆国のニューオーリンズ（西経90度）の時差を考えてみましょう。これは本初子午線をまたがる経度差が225度（＝135度＋90度）、これを1時間あたりの時差15度で割って15時間となります。

　日本と最も時差が大きい国は、21時間の差があるアメリカ合衆国のベーカー島とホーランド島です。24時間のうち21時間の差なので、日本が18時のとき、1日前の21時と、実質的な差は感じにくいかもしれません。

　日本が真昼のときに真夜中になるのは、12時間の差があるアルゼンチン、ウルグアイが該当します。

　なお、時差を求めるときはサマータイム（日が長い夏の間に時計を1時間進めること）は考えないことも知っておきましょう。

✎ コレだけはおさえておこう！

・地球上の2地点の時差を計算する場合は　　①　　をまたぐ経度差を利用する。

・東京（東経135度）とニューヨーク（西経75度）の時差は、経度差が135度＋　②　度の

　　③　　度となり、これを　④　度で割って14時間となる。

答え　①本初子午線　②75　③210　④15

05 丸い地球は平らにできない？
── さまざまな世界地図

ここが大切！

❶ 地図を描くには距離、面積、角度、方位が必要！
❷ 地図は目的に応じて選ぶ必要がある！

1 地図を描くには距離、面積、角度、方位が必要

　地図を描くときに必要な要素は、**距離（きょり）、面積、角度、方位**の4つです。しかし、この4つの情報は、すべて同時に表現することができません。多くの地図帳では、最初のページに世界地図（多くはミラー図法が用いられています）が掲載されていますが、厳密にいうとこの地図は、4つの要素が何も正しく描かれていません。

　球体の地球を平面の地図に落とし込むには、どうしても無理が生じてきます。みかんの皮をむいたとき、カーブがついていて完全な平面にできないのと同じことです。4つの情報を同時に表現できるのは、地図ではなく地球儀だけです。地図は、距離、面積、角度、方位のどれを正確に表現したものかで、作図方法が分かれます。下の図で確認しましょう。

[地図を描くためのさまざまな図法]

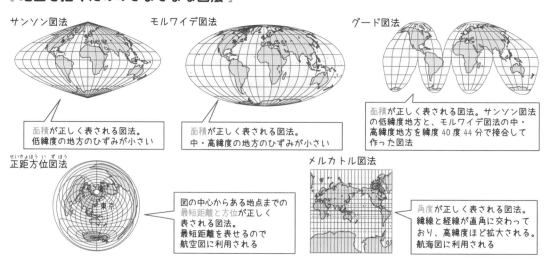

サンソン図法
モルワイデ図法
グード図法

面積が正しく表される図法。
低緯度の地方のひずみが小さい

面積が正しく表される図法。
中・高緯度の地方のひずみが小さい

面積が正しく表される図法。サンソン図法の低緯度地方と、モルワイデ図法の中・高緯度地方を緯度40度44分で接合して作った図法

正距方位図法（せいきょほういずほう）

図の中心からある地点までの最短距離と方位が正しく表される図法。
最短距離を表せるので航空図に利用される

メルカトル図法

角度が正しく表される図法。
緯線と経線が直角に交わっており、高緯度ほど拡大される。
航海図に利用される

対蹠点が見えない地球儀

地球上のどこかの点（*x* とします）から見て、地球の中心を通って反対に位置する点（*y* とします）を対蹠点といいます。*x* と *y* が対蹠点の関係にあると仮定して、*x* が北緯 *a* 度、東経 *b* 度に位置するとき、*y* は南緯 *a* 度、西経（180 − *b*）度になります。東京の対蹠点は、ウルグアイという国の東の沖合あたりです。

一般に、「日本の真裏はブラジル」と認識されていますが、正確にはブラジルは東京の対蹠点ではありません。

世界地図であれば、対蹠点の場所を把握することができますが、地球儀上では把握できません。北極点を中心にすると、その対蹠点にある南極点は反対側にあるため見えません。そのため全世界を見渡すことができないのです。地球儀ではなく、世界地図を利用する理由がここにあります。

2 地図は目的に応じて選ぶ必要がある

本当にいい地図とは、「注釈」（その地図が何を表しているのかを説明したもの）がない地図です。つまり、何も説明がなくても、ひと目見ただけで情報が把握できる地図です。

右の2枚の地図を見てください。それぞれに×印がついていますが、上の地図、下の地図それぞれ、どこの国の何の資源分布を表したものだかわかりますか？

おそらく「下の地図はわかるけど……、上は？」と疑問に思ったことでしょう。上は文字情報がない限り、どこの地図かわかりませんが、下はその形から、オーストラリアだと認識した人も多いはずです。人によっては、×印が鉄鉱石の産出地を表していることも一瞬で理解したかもしれません。ここでわかるのは、**何かの分布を表すには「形が正しく描かれた地図を用いる必要がある」**ということです。こうした分布図を作る場合は、左のページでいうサンソン図法やモルワイデ図法、グード図法といった面積を正しく表す図を利用することが必要です。

[分布図の比較]

どこの土地かわからない

ひと目でオーストラリアだとわかる

コレだけはおさえておこう!

・地図の必要条件とは、距離、面積、［　①　］、方位の4つである。

・分布図を作成する場合は、［　②　］の正しい図法を利用するとよい。

06 大きい国はどこにある？

——面積の大きい国

1 面積はロシア、人口は中国が世界一

　世界には約200の国があります。国土面積を比較すると、**世界で最も大きいのはロシア**です。以下カナダ、アメリカ合衆国、中国、ブラジル、オーストラリア、インド、アルゼンチンと続きます。世界地図上では、下の図のように位置しています。

　世界には、日本のようにまわりを海に囲まれた**島国（海洋国）**と、モンゴルやスイスなどのようにまわりを陸に囲まれた**内陸国**があります。そしてそれぞれの国が、山脈や河川、海、湖といった**国境**で他国と接しています。ちなみに、アフリカ州に直線的な国境が多いのは、かつてこの地を**植民地**にした国が、経線や緯線を使って引いた境界線が国境線になっているからです。地図を見ながら、国の歴史的背景を調べると、理解が深まります。

　地球には、約77億人（2019年）が生活しているといわれています。**世界最大の人口を有するのは中国**です。次に、インド、アメリカ合衆国、インドネシア、パキスタン、ブラジル、ナイジェリア、バングラデシュ、ロシア、メキシコ、日本、フィリピンと続きます。

[**国土面積の大きい国**]

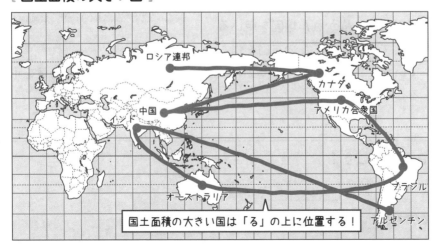

日本の排他的経済水域は国土の10倍以上！

日本はまわりを海に囲まれた島国なので、排他的経済水域は世界的に見てもかなり広いといえます。排他的経済水域とは、領海を除く海岸線から200海里（約370km）までの海域のことです（詳しくは次のページ参照）。そこで得られるあらゆる資源に対して、沿岸国が優先的に主権を持つことができます。日本の排他的経済水域は約447万km²で、実に国土面積の11.8倍もあるのです。

[日本の排他的経済水域]

国土面積、人口ともに上位にいるのは、中国、インド、アメリカ合衆国、ブラジル、ロシアです。国土面積が広い国では、そこに住む人々の数も多くなる傾向があります。また、日本の**人口密度**（1km²あたりに住む人の数）は世界的に見ても高く、多くの人々がところ狭しと生活している様子がわかります。

② 日本は世界的に見ても大きい国

日本は国土面積の小さい国であると誤解されがちですが、世界197カ国の中で61位、**世界の上位3分の1に入るほどの、比較的広い国です**。どうしても「アメリカと比べると…」などと考えてしまいますが、世界の中でどれくらいの位置なのかをとらえることが大事です。実際、ヨーロッパで日本よりも広い国土面積を持つ国は、ロシアはもちろんのこと、フランスやウクライナ、スペイン、スウェーデンくらいしかありません。

日本の**国土面積は世界61位、人口は世界第11位**です。日本の人口密度は、1km²あたり約339人（人口を調査していない北方領土と竹島含まず）と、バングラデシュ、韓国、オランダ、インド、ハイチ、イスラエル、ベルギー、フィリピンに次いで大きい国です（国に都市が1つしかない都市国家は除く）。日本列島の約7割が山地や丘陵地で、多くの日本人が残り約3割の平地に住んでいることから、数値以上に人口密度を高く感じられるのかもしれません。

日本は山がちな国だからこそ緑が多く、土地の高低差が生み出した河川が流れ、その付近では平野が形成され、豊かな農業が営まれているのです。

コレだけはおさえておこう！

・ 国土面積は、ロシア、カナダ、アメリカ合衆国、□ ① □、ブラジルの順に広い。

・ 日本は、世界の中で上位 □ ② □ に入る比較的広い国である。

答え　①中国　②3分の1

07 日本の端はどこにある？

──日本の範囲

ここが大切！

❶ 日本は東西南北に広い国！

❷ 日本には領土問題を抱えている島がある！

1 日本は東西南北に広い国

ある国で生活する人たちを国民といいます。そして、その国が自らの意志で国民や領土を治める権利（主権）が適用される範囲を、領域といいます。**主権、領域、国民がそろって「国家」と呼ばれます。**

領域には、陸地である領土、領土の海岸線から**12海里**（約22.2km）の範囲の**領海**、領土と領海の上空の**領空**があります。また領土の海岸線から領海を除く**200海里**（約370km）までの範囲を**排他的経済水域**といいます。排他的経済水域は、海に接している沿岸国が水産資源や海底に眠っている鉱産資源を利用する権利を持てる海域です。

日本の東西南北の端にはそれぞれ島があ

[日本の東西南北の端と排他的経済水域]

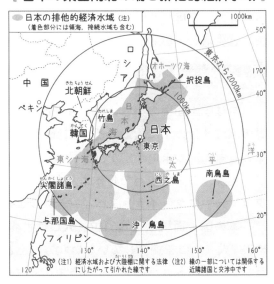

ります。最北端は**択捉島**（北緯45度33分）で、ロシアとの間に領土問題が存在します。最南端は**沖ノ鳥島**（北緯20度25分）で、南北におよそ25度離れています。最東端の**南鳥島**（東経153度59分）から最西端の**与那国島**（東経122度56分）までおよそ30度離れているため、本来は2時間の時差が生じていますが、日本では東経135度を標準時としてこの経度の時刻にあわせて生活しています。

沖ノ鳥島は、東京から1700kmほど離れたサンゴ礁の島です。もし水没してしまうと、領土と認められなくなり、40万km²以上の排他的経済水域が失われてしまいます。それを防止するために沖ノ鳥島は保全され、国が直接管理しています。

1海里は1852m！

ひとこと
ポイント！

海里という単位は、距離を表すときに使われるものです。

地球は1周の距離が約40000kmなので、360度で割ると、1度あたりの距離が約111kmと出てきます。実は、1海里の長さは緯度1分の距離です。60分＝1度となるため、1分＝$\frac{1}{60}$度となります。111kmを60で割ると、約1852mとなります。これが1海里の距離です。

左のページで出てきた領海の12海里と排他的経済水域の200海里を、1海里＝1852mとして単位をmにあわせると、距離をイメージしやすくなります。

②日本には領土問題を抱えている島がある

　日本の領域には、日本固有の領土であるにもかかわらず、その領有をめぐって課題がある地域があります。

　北海道の北東にある、**歯舞群島、色丹島、国後島、択捉島**からなる**北方領土**です。ここは、かつて日本人が暮らしていた固有の領土でした。第二次世界大戦が終わり、一方的に旧ソビエト連邦が不法に占領して今にいたるため、旧ソビエト連邦から引き継いだロシアと日本の間では、平和条約が結ばれていません。

　日本海にある**竹島**もまた、領土問題を抱えています。日本固有の領土ですが、韓国が一方的に領有を宣言し、不法に占拠しています。北方領土と竹島の2つは、日本政府が「領土問題が存在する」と認識している島です。

　最近では、中国が**尖閣諸島**を自分の国の領土であると主張しています。東シナ海にある尖閣諸島は、1895年に沖縄県に編入された、日本固有の領土です。**解決すべき領有権の問題は、そもそも存在しません。**しかし、1968年に国際連合が行った調査により、大量の原油の埋蔵が確認されると、中国と台湾が領有を主張しはじめました。日本は2012年に尖閣諸島を国有化し、国際社会からも日本の領土として認められています。

[**尖閣諸島の一つ、魚釣島**]

出典：内閣官房ホームページ

コレだけはおさえておこう！

・国家とは主権、　①　、国民の3つを持つものをいう。

・海岸線から200海里までの領海を除く海域を　②　水域という。

・日本政府が認識している領土問題は、北方領土と　③　だけである。

08 日本の都道府県はいくつ？

──都道府県と地方

ここが大切！

❶ かつて302県もあった日本の行政区分！

❷ 日本を区分するさまざまな「視点」！

1 かつて302県もあった日本の行政区分

日本では、**47都道府県**（1都1道2府43県）を基本単位として、それぞれに**都道府県庁所在地**が置かれています。「1都」は東京都、「1道」は北海道、2府は京都府と大阪府、そして43の県です。

また、都道府県よりもさらに広い範囲を「○○地方」として区分することがあります。主に、北から**北海道地方、東北地方、関東地方、中部地方、近畿地方、中国・四国地方、九州地方**の7つに区分します。天気予報などでは「関東・甲信越地方」といった地方名を用いることもあり、状況に合わせて使い分けられています。

[**日本の都道府県と7地方**]

0　　200km

―― 地方の境
------ 都道府県の境

北海道地方

東北地方

中部地方

中国・四国
地方

関東地方

近畿地方

九州地方

日本は、江戸時代までは幕藩体制によって統治されていました。しかし明治時代、1871年の廃藩置県によって全国が明治政府の直轄となります。このとき、1使3府302県が置かれました。「1使」は開拓使のことで、のちに函館県・札幌県・根室県が設置され、1886年に北海道となりました。「3府」は東京府・京都府・大阪府のことです（1943年に東京府は東京都となります）。その後302県は72県となり、1888年に43県となりました。一時的に沖縄県がアメリカの施政下に入りますが、1972年の沖縄返還後は、現在の**1都1道2府43県**となりました。

まだ議論が本格化していませんが、近年では**「道州制」**導入の是非を問う話があります。道州制は都道府県よりも広い行政範囲をもつ「道」と「州」を設けるという考えかたです。これは、多くの地方自治体がかかえる財政問題、今後もさらに進展すると考えられる少子高齢化問題、災害や環境問題などを、都道府県の区域を越えて解決しようとするものです。

ひとこと ポイント！ 関東と関西は どこで分ける？

「関東」、「関西」は対義語のように用いられることがあります。しかし、それぞれどの地方を指しているのでしょうか？

「関東」とは「関所の東側にある地域」という意味から名づけられました。「関所」とは、鈴鹿関（現在の三重県）、不破関（現在の岐阜県）、愛発関（現在の福井県）の３つです。当時の日本の中心は京都だったため、周辺には関所が設けられ、人の移動が監視されていました。後に愛発関が廃止され、現在の滋賀県に逢坂関が設けられると、ここより西側が関西と呼ばれるようになりました。

② 日本を区分するさまざまな「視点」

左のページでは、日本を「行政単位」によって区分しました。しかし、日本を区分する視点は他にもあります。例えば、「気候」で分けてみると、北海道では亜寒帯気候が展開し、本州以南では（一部を除いて）温帯気候が展開します。さらには冬に降水量が多くなる日本海側、逆に冬の降水量が少なくなる太平洋側にも区分することができます。とくに日本は、ユーラシア大陸の東岸に位置して季節風の影響が強く、また南北の広い範囲に国土が展開するため、非常に多様性のある気候分布となります。

[**全国のお雑煮の特徴**]

- ■ 角もち・焼く　□ 角もち・煮る
- ● 丸もち・焼く　○ 丸もち・煮る
- ◎ あんもち・煮る

すまし汁文化圏
みそ仕立て文化圏
小豆汁文化圏
すまし汁丸餅折衷型文化圏
角もち
丸もち

「おくむらあやお　ふるさとの伝承料理　わくわくお正月とおもち」農文協発行

日本を「文化」で分けることもできます。文化とは、言語や宗教、衣食住などです。日本における公用語は憲法には明記されておりませんが、基本的にほとんどの国民が日本語で会話をします。しかし、地域ごとに「方言」が存在し、同じ単語でもアクセントが異なったりします。衣食住も文化です。日本には「ご当地グルメ」といった言葉があるように、地域ごとに異なる食文化が存在します。有名なのは「雑煮」です。お正月になると、家族の健康を願って各家庭でお雑煮が作られます。お餅の形を一つとっても、角餅や丸餅だったりと、さまざまです。まさしく、ふるさとの数だけ雑煮の種類があるといっても過言ではないでしょう。

✎ コレだけはおさえておこう！

・日本は、1972年にアメリカから ① 県が返還され、現在のような ② つの都道府県となった。

・日本では日本語による会話が主だが、地域ごとに独特の ③ が使われている。

答え　①沖縄　②47　③方言

09 常夏の楽園はどんなところ？
——暑い地域の気候とくらし

ここが大切！

❶ 熱帯地域は一年中暑く、気候の変化が小さい！

❷ 熱帯の国では観光業がさかん！

1 熱帯地域は一年中暑く、気候の変化が小さい

　最も低い月の平均気温が18℃以上を示す地域の気候を**熱帯**といいます。一年中暑いということは、**最も高い月平均気温と最も低い月平均気温の差が小さい**といえます。

　気候の変化が小さいため、日本のように四季を感じることはありません。熱帯は、気候の変化は小さくても、1日の天気は変わりやすい地域です。時間を問わず毎日

[**熱帯の分布**]

（W.P. ケッペン原図〈1923 年発表〉ほか）

■ **熱帯**

のように大粒の雨が振り、これを**スコール**と呼びます。赤道付近に多く展開する熱帯地域は、太陽エネルギーの到達量が大きいため、急激に気温が上昇します。暖められた空気が上昇し、上空で気温が下がると、空気中に含みきれなくなった水分が雨となって落ちてきます。

　熱帯地域は気温が高く、降水量が多いことから、一年中緑の葉が生い茂る、**常緑広葉樹林**を広い範囲で目にすることができます。うっそうと茂る**熱帯林**の葉や幹などの木材を、家

[**スコールのしくみ**]

③上がった空気が上空で冷やされ水分が雨になる

①太陽エネルギーの到達量 大

②暖まって軽くなった空気が上昇

[**バンコク（タイ）と東京の気温と降水量**]

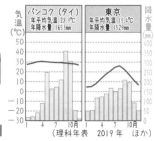

（理科年表 2019 年 ほか）

ケッペンの気候区分

ドイツの気象学者ケッペンにより、世界は気候によって区分されました。彼はまず、植生（植物の集団）の有無で大きく区分しました。植生がある気候（樹林気候）が熱帯、温帯、亜寒帯（冷帯）、見られない気候（無樹林気候）が乾燥帯、寒帯の5つです。さらに気温と降水量の多少によって細かく分類しました。

植生のある樹林気候は、最も寒い月の平均気温で分けます。18℃以上が熱帯、マイナス3℃以上18℃未満は温帯、マイナス3℃未満を亜寒帯としました。乾燥帯は極端に降水量が少ない気候（目安は年降水量が500mm、世界平均が約970mm、日本は約1800mm）をいいます。また寒帯は最暖月平均気温10℃未満の気候をいいます。

屋や生活用品に活用するくらしが知られています。伝統的に、柱や壁の材料は木材が用いられ、屋根は葉っぱを何枚も重ねて作ります。降水量が多く、湿度が高いことから、床下に熱や湿気がこもらないように高床にしてある作りが多く見られます。

2 熱帯の国では観光業がさかん

熱帯地域の海域では、きれいな**サンゴ礁**が見られます。これらは貴重な観光資源となり、シュノーケリングやスキューバダイビングなどを目的に、多くの外国人観光客が訪れます。ホテルや飲食店、おみやげ店が増えるため、**観光業が発達すると、地元の人たちの雇用に**もつながります。

[**サンゴ礁と熱帯魚**]

熱帯地域では、米はもちろんのこと、キャッサバやタロいもなどのいも類を中心とした料理が有名で、近海でとれた魚の料理も豊富です。こうした料理もまた、観光客の楽しみのひとつです。

しかし、いいことばかりではありません。観光地の開発が進められると、**マングローブ**といった熱帯林の減少が見られるようになり、サンゴ礁の破壊も深刻化するようになりました。このままでは、熱帯地域の人々の伝統的なくらしを維持することが難しくなってしまいます。

コレだけはおさえておこう！

・熱帯地域の特徴として、気候の変化が ① ことがあげられる。

・熱帯地域では、1日の天気は ② 。

・熱帯地域では、サンゴ礁などの資源を活用した ③ が発達している。

答え ①小さい ②変わりやすい ③観光業

25

10 カラカラに乾いた環境での工夫がたくさん！
——乾燥した地域の気候とくらし

ここが大切！

❶ 乾燥した地域は、極端に降水量が少ない！
❷ 乾燥した地域の農業は、かんがいを行うことで可能になる！

①乾燥した地域は、極端に降水量が少ない

乾燥帯と呼ばれる地域は、**年降水量が極端に少ない**ことが大きな特徴です。この地域では、降った雨のほとんどが蒸発して、土の中の水分が極端に少ないため、草木があまり育ちません。

広大な砂漠が広がっている中で、水が得られる地域は極端に限られています。自然に水がわき出てくるところや、井戸を掘って地下水

[乾燥帯の分布]

大陸の西側や内陸部に多い！

（W. P. ケッペン原図〈1923 年発表〉ほか）

　乾燥帯

が得られるところを**オアシス**といい、オアシスのまわりでは、多くの人たちが生活していたり、農業が発達していたりする地域もあります。

アラビア半島は、乾燥帯の代表的な地域です。このような地域では、薄手の布地で作った、丈の長い長袖の衣服が好まれます。これは、一年中暑く日差しが強いことと、少しの風でも舞ってしまう砂ぼこりを避けるためです。

また、乾燥帯では、生活に必要な木材はほとんど手に入らないため、土をこねて固め、太陽の熱で乾かした**日干しれんが**

[乾燥帯の植物]

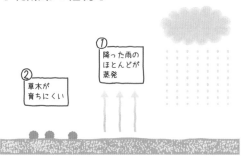

⑦ 降った雨のほとんどが蒸発

② 草木が育ちにくい

[リヤド（サウジアラビア）と東京の気温と降水量]

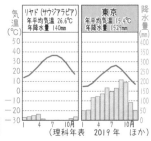

（理科年表 2019 年 ほか）

ひとこと ポイント！ 3つの宗教は 砂漠で生まれた！

キリスト教、イスラム教、ユダヤ教の3つは、砂漠に住む人々が作った宗教です。砂漠は非常に気温が高く、年降水量が極端に少ない気候です。つまりこれは、農業活動が十分にできないことを意味しています。農業が満足にできないということは、当然食料が十分に手に入りません。

こうした厳しい自然環境の中で、全知全能の存在である「神」を信じることで、自分たちは救われると考えたのです。

キリスト教やイスラム教は世界中で信仰されていますが、ユダヤ教は主にユダヤ人が信仰する宗教です。これら3つの宗教の聖地は、共通してエルサレムだとされています。

を作り、これを材料にして、伝統的に家屋を作ってきました。

② 乾燥した地域の農業は、かんがいを行うことで可能になる

年降水量が極端に少ない乾燥帯での農業は、かんたんではありません。そのためオアシス周辺では、少ない水でも育つ、**小麦やなつめやしなどの作物を栽培**しています。

また、湿潤地域から乾燥した地域を貫いて海まで流れる**外来河川**の周辺でも農業が行われます。このように、もともと水がない地域へ、河川や湖、ため池などから水路を通して水を引いて営まれる農業を、**かんがい農業**といい

[砂漠で行われる センターピボット方式の農業]

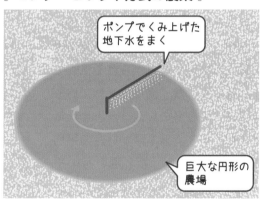

ポンプでくみ上げた地下水をまく

巨大な円形の農場

ます。近年では、地下水をくみ上げスプリンクラーを利用して散水して行う農業（**センターピボット方式**）も見られるようになりました。しかし、地下水が枯れてしまうことが心配されるようになりました。地下水が減っていくと、地面から地下水位までがどんどん遠くなるため、地下水のくみ上げに多くの電力を使用し、コストが高くなってしまいます。これが、**農作物価格を上昇させる要因**の一つとなっています。

コレだけはおさえておこう！

・乾燥した地域において、水が得られる地域を ① という。

・乾燥した地域の人々の伝統的家屋は、土をこねて作った ② を材料にしたものが多い。

・乾燥した地域で栽培される作物は、少ない水でも育つ ③ やなつめやしなどが中心である。

答え ①オアシス ②日干しれんが ③小麦

11 厚着しないと、やってられない！
――寒い地域の気候とくらし

ここが大切！

❶ 寒い地域では高床の建物に住む！
❷ 気温が低く水分の蒸発量が少ない。だから森林が育ちやすい！

1 寒い地域では高床の建物に住む

　緯度の高い地方は、**亜寒帯（冷帯）**や**寒帯**という非常に寒冷な気候に属します。そのうち亜寒帯は、**北半球の高緯度地域でのみ見られる**気候です。陸地が少なく海に囲まれている地域は、夏と冬の気温差が小さい気候になります。最も暖かい月の平均気温が10℃以上、最も寒い月の平均気温がマイナス３℃未満という亜寒帯気候の条件を満たさないため、亜寒帯は北半球でしか見られません。

[亜寒帯（冷帯）と寒帯の分布]

亜寒帯は北半球の高緯度にある！

（W. P. ケッペン原図〈1923 年発表〉ほか）
※ロシアの行政区分で極東地方とされる地域も含んでいます

■ 亜寒帯（冷帯）
■ 寒　帯

　寒い地域には、**永久凍土**という最終氷期から凍ったままの土地が広がります。こうした土地では、家屋を建てる際には注意が必要です。床下が低いと、日常生活を通して建物から出された熱によって永久凍土が溶かされ、建物が傾いてしまうのです。そのため、**建物は高床にしてある**のです。当然、冬の寒さ対策も必要で、窓は２重か３重になっています。また、床暖房や壁暖房が完備されています。

[イルクーツク（ロシア）と東京の気温と降水量]

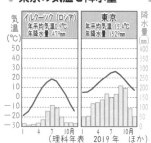

（理科年表　2019 年　ほか）

　かつては動物の毛皮から衣服が作られていました。現在では、密閉性・保温性が高い厚手の衣服が好まれ、耳が隠れるほどの大きな帽子を被っています。さらに寒いがゆえに栽培できる作物が限られているため、野菜や魚を酢漬けにした保存食、乳製品が重宝されます。

世界で最も寒いのは オイミャコン

北半球で最も寒い場所を知っていますか？

実は、北極点ではなくシベリア東部に位置するオイミャコンという村です。オイミャコンは人口500人足らずの村で、最も寒い月の平均気温がマイナス44.7℃（2016年2月）と、北半球で最も寒い場所です。

オイミャコンの最も暖かい月の平均気温が15.3℃ですから、気温の年較差（最も暖かい月の平均気温と最も寒い月の平均気温の差）が60.0℃もあります。ちなみに、東京の気温の年較差は21.2℃です。

地球上では、高緯度になればなるほど寒くなるのが基本ですが、北極はまわりを海に囲まれているため、内陸部に位置するオイミャコンのほうが、気温が下がりやすくなるのです。

2 気温が低く水分の蒸発量が少ない。だから森林が育ちやすい

「森林」というと、熱帯地域をイメージする人が多いかもしれません。しかし、亜寒帯地域においても**タイガ**と呼ばれる森林が広く見られます。

タイガとは**針葉樹**の純林地帯（樹木の種類が少ない森林）のことです。亜寒帯地域は降水量が少ないのですが、気温が低いことから、水分の蒸発量は多くありません。つまり、降る雨の量が少なくても土の中に残る水分量が豊富なため、森林が形成されやすいのです。

[**ロシアで見られるタイガ**]

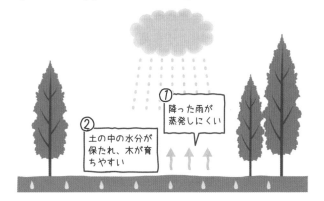

① 降った雨が蒸発しにくい

② 土の中の水分が保たれ、木が育ちやすい

タイガは純林地帯であるため、目的の木の種類を見分けやすく、**林業**が発達しやすい環境です。数多くの種類の木からなる熱帯林との違いはここにあります。その一方で、林業が発達しやすい環境は、森林破壊を促進させます。森林が伐採されると、森林にさえぎられていた太陽エネルギーが地面まで届くため、永久凍土が溶けてしまい、それにともなってところどころ陥没した場所があるのもタイガの特徴です。

コレだけはおさえておこう！

・亜寒帯気候は［　①　］半球の高緯度地域でのみ見られる。

・亜寒帯地域では［　②　］が溶ける心配があるため、高床の建物が見られる。

・亜寒帯地域では［　③　］と呼ばれる森林が広く展開している。

答え ①北 ②永久凍土 ③タイガ

29

12 富士山よりも標高が高い 地域ってどんなところ？
—— 高地の気候とくらし

ここが大切！

❶ 高地は寒さが厳しい、降水量が少ない、日差しが強い！

❷ 高地の人々は標高にあわせた栽培をしている！

1 高地は寒さが厳しい、降水量が少ない、日差しが強い

　地球では、富士山よりも高い、チベット高原やアンデス山脈といった高地で生活を営む人がいます。

　チベット高原にあるラサは標高が3650mと、ほとんど富士山の山頂と変わらない高さに位置しています。そのため**非常に寒さが厳しく、日差しが強い気候**です。海からの湿った空気がヒマラヤ山脈にさえぎられるため、**非常に乾燥した地域**でもあります。人々は、寒さに強いヤクを飼育し、大麦や小麦など、降水量が少なくても育つ作物を栽培しています。

　アンデス山脈、とくにペルーやボリビアでは、先住民を中心に**リャマやアルパカの遊牧**がさかんです。遊牧とは、牧草や水を求めて移動しながら家畜を飼育することです。家畜に荷物を運ばせたり、ふんを燃料や肥料にしたり、毛を衣服の材料にしたりします。1日の寒暖差が大きいため、急に冷え込む夜には、**ポンチョ**と呼ばれる服を着て寒さに備えます。昼は、強い紫外線を防ぐためにつばの広い帽子を身につけます。

　年間の降水量が少ないため、森林がほとんど見られません。そのため日干しれんがや石で作られた家屋が多くあります。

[高地の分布]

■ 高地（標高2000m以上のところ）

[クスコ（ペルー）と 東京の気温と降水量]

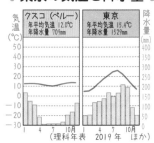

ひとこと ポイント!

アンデスの保存食、チューニョ

ペルーからボリビアにかけてのアンデス地方はじゃがいもの原産地で、古くから主食とされています。アンデス地方は標高が高く、寒さが厳しいことからあまり農業がさかんではありません。食料が豊富に得られない環境下で作り出されたのが、チューニョと呼ばれる保存用の乾燥じゃがいもです。

アンデス地方では、1日の寒暖差が大きいことを利用して、じゃがいもを凍らせたり溶かしたりすることを繰り返します。すると、じゃがいもの水分が抜けてくるので、最後は足で踏んで水分を絞りきり、乾燥させます。そうして作られたチューニョは、何年も保存がきくといわれています。

② 高地の人々は標高にあわせた栽培をしている

アンデス地方の人々は、さまざまな作物を栽培して収穫しています。標高が高いアンデス山脈では、**いろいろな高さの場所で、その気候にあわせた作物が栽培されている**のです。

右の図を見てください。たとえば標高2000m以下では、かんきつ類やコーヒー、さとうきびなどの熱帯作物の栽培が行われます。それより高くなると、とうもろこしやじゃがいもの栽培が中心となります。さらに高地では、リャマ・アルパカの遊牧が行われます。

[**高地の気候にあわせたくらしの工夫**]

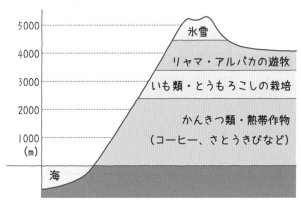

こうした工夫をしているので、天候が不順になったときでも、すべての地域で不作になることはほとんどありません。

1つの家族がいろいろな高さの場所に農地を保有している場合には、農作物を上や下に運ぶためにリャマ・アルパカといった家畜が利用されます。

近年では舗装された道路が増え、バスが通るようになりました。携帯電話が使えたり、インターネット回線が整備されたりと、人々のくらしも変わりつつあります。

✎ コレだけはおさえておこう！

・アンデス地方では、チューニョの材料となる　①　の栽培がさかんである。

・アンデス地方では、急に冷え込む夜に備えて　②　を着る。

・荷物を運んだり、衣服の素材にしたりするために、リャマ・　③　が飼育されている。

答え　①じゃがいも　②ポンチョ　③アルパカ

31

13 お墓まいりにクリスマス 豚を食べない人もいる？ ──世界の宗教

ここが大切！

❶ 世界宗教は、キリスト教、イスラム教、仏教の３つ！
❷ 日本には神道という民族宗教がある！

1 世界宗教は、キリスト教、イスラム教、仏教の３つ

　世界には数多くの宗教がありますが、人種や民族、地域の別を超えて、世界中で信仰されている宗教のことを**世界宗教**といいます。世界宗教は、**キリスト教、イスラム教、仏教**の３つで、**世界三大宗教**と呼ばれることもあります。

　キリスト教は、ユダヤ人の**イエス**によって作られ、世界で最も信者数が多い宗教です。ヨーロッパを中心に南北アメリカやオセアニアで信仰されています。イエスの死後、パウロによって広まりました。11世

[**キリスト教、イスラム教、 ユダヤ教共通の聖地エルサレム**]

紀にカトリックと東方正教会に分裂し、16世紀の宗教改革によってカトリックからプロテスタントが生まれました。

　イスラム教は、７世紀のはじめに、**ムハンマド**によって作られました。信者数はキリスト教の次に多く、西アジアを中心に北アフリカや中央アジア、東南アジアで信仰されています。一部の国を除けば、「宗教が国のありかたを支配する」という政教一致を掲げている国が多く、イスラム教の教えや決まりに従いながら生活します。宗派は、多数のスンニー派と少数のシーア派が知られています。

　仏教は紀元前５世紀頃、インドの**釈迦**が開いた宗教で、インド古来のバラモン教にあった階級制を否定してはじまりました。キリスト教やイスラム教と違うのは、多神教の宗教であることです。釈迦の死から約100年後に上座部と大衆部の２派に分裂し、スリランカや東南アジア諸国へと伝わったのが上座部仏教、中央アジアや中国を経て、朝鮮半島、日本へと伝わったのが大乗仏教です。

イスラム教の禁忌（きんき）

「禁忌」とは、かんたんにいえば、「やってはいけないこと」です。イスラム教には、いろいろな禁忌が存在します。

たとえば、豚肉を食べてはいけない、お酒を飲んではいけない、女性は肌を見せてはいけないなどもそうです。イスラム教の禁忌は厳しく守られていて、破ってしまうと罰せられることもあります。

イスラム教で食べてもいいとされる材料や料理をハラールといい、レストランなどでは、ハラールフードを使用していることを示す「HALAL」の文字を見ることがあります。近年イスラム圏からの外国人観光客が増えている日本でも、ハラールフードの対応が求められています。

② 日本には神道という民族宗教がある

特定の民族に信仰されている宗教を**民族宗教**といいます。**ヒンドゥー教やユダヤ教、道教（どう きょう）、神道（しんとう）**などが知られています。

インド人の約80％が信仰しているヒンドゥー教はバラモン教を基礎として成立し、カーストと呼ばれる身分制度があります。ユダヤ教は、ユダヤ人が信仰する宗教で、キリスト教やイスラム教のようにただひとつの神を信仰する**一神教**です。道教は中国人が信仰するもので、老子（ろうし）や荘子（そうし）の教えを学びます。

日本にも、神道という民族宗教があります。神道は**多神教**の宗教で、「あらゆる自然に対して神が宿る」と信じられ、「生きるための恵み」を与えてくれる自然に感謝するものです。わかりやすい例に、11月23日の「新嘗祭（にいなめさい）」があります。これは、天皇陛下が穀物の収穫を神々に感謝する日です。ここから「すべての働く人々に感謝しあう」という意味の「勤労感謝の日」という祝日になりました。

日本では、神道について詳しく教わる機会があまりありません。しかし、日常生活に深くかかわった概念が多いため、日本固有の民族宗教とされています。

コレだけはおさえておこう！

・人種や民族、地域の別を超えて、世界中で信仰される宗教を ① といい、キリスト教、イスラム教、 ② の3つが知られている。

・特定の民族に信仰されている宗教を民族宗教といい、主にインド人に信仰されている ③ 教やユダヤ教、道教、神道が知られている。

答え　①世界宗教　②仏教　③ヒンドゥー教

14 ところ変われば、家変わる？
——世界の住居と衣服

❶ 伝統的な住居は得られる材料を利用して建てられる！

❷ 衣服は気候に応じて変化する！

1 伝統的な住居は得られる材料を利用して建てられる

　住居の素材は、自然環境に応じて変化します。たとえば、日本のように森林資源に恵まれる国では、古くから**木造家屋**が見られます。夏に降水が少なくなる地中海の沿岸地域では、それほど森林は多く見られないため、**石で作られた家屋**が見られます。日差しが強いため、壁を石灰で白く塗ったものが知られています。熱帯地域では、ヤシの葉っぱを使った**草葺き屋根の家屋**が見られます。このように、**伝統的な住居は、それぞれの土地で得られる材料を利用して建てられています。**

[モンゴルや中国で見られる移動式テント]

　乾燥気候のように樹木がほとんど見られないような地域では、日干しれんがで作られた家屋が多くあります。雨が少ないため日差しが強く、砂ぼこりが舞いやすいため、窓を小さくしているのも特徴です。

　熱帯地域は、湿度が高いため、家屋の下に湿気がとどまらないように、高床にして風を通します。これは洪水による浸水や野獣の侵入を防止する目的もあります。また、激しい降雨に備えて、屋根が急傾斜になっています。**高床式住居**は熱帯地域だけでなく、寒い地域でも見られます。28ページで述べたように、生活をするうえで建物から出された熱で永久凍土が溶かされ、建物が傾くからです。

　乾燥した地域で暮らす遊牧民は、上の写真のような**移動式テント**を利用しています。移動式テントは**モンゴルではゲル、中国ではパオ**と呼ばれています。

ひとことポイント！

遊牧

　遊牧は、家畜に生活の糧を依存した牧畜のことです。乾燥地、寒冷地、山岳地など、穀物栽培が難しい地域で行われているのが一般的です。乾燥地で飼育されている家畜には、羊やヤギが知られています。

　本来、乾燥した地域は農業に適さないため、食料が手に入らない可能性が高く、生活が非常に困難です。しかし、乾燥に強く少ないえさでも耐える羊やヤギを飼育することで、乾燥地でも生活が可能となりました。

② 衣服は気候に応じて変化する

　気候の違いに応じてそれぞれの地域の衣服の特徴が分かれます。

　熱帯地域は、気温、湿度がともに高いため、体に布を巻いただけのかんたんなものが多く、吸湿性の高い木綿や麻を素材に使った衣服が見られます。

　乾燥した地域は、強い日差しや砂ぼこりを防ぐため、全身をおおう白い衣服が重宝されます。寒い地域では、しっかりと防寒する必要があります。そのため密閉性・保温性の高い衣服が好まれます。古くは家畜の毛皮など、動物由来の素材が利用されていました。

　民族によっても、独特の衣服があります。日本では伝統的に和服が有名です。韓国の伝統衣装として男女共通のチョゴリという上着があります。他にはベトナムのアオザイ、インドのサリーなども有名です。アンデス地方は１日の寒暖の差が大きいため、急に冷え込む夜に着るポンチョが知られています。イスラム教徒が多い西アジアでは、女性はチャドルなどの肌の露出を控えた衣服を来ています。

[**さまざまな民族衣装**]

日本（和服）　韓国（チョゴリ）　ベトナム（アオザイ）　インド（サリー）　アンデス地方（ポンチョ）　イラン（チャドル）

✎ コレだけはおさえておこう！

・樹木が多い地域では木造家屋が、樹木が生えない地域では　①　で作られた家屋が見られる。

・モンゴルの遊牧民が利用する移動式テントは　②　と呼ばれる。

・熱帯地域では、吸湿性の高い木綿や　③　を素材にした衣服を着用する。

15 朝ごはんは、お米？ パン？

——世界の食文化

ここが大切！

❶ 米、小麦、とうもろこしは世界三大穀物！
❷ 食生活は多様化している！

1 米、小麦、とうもろこしは世界三大穀物

　世界で生産される穀物の中で、**米、小麦、とうもろこし**はとくに生産量が多いことから、**世界三大穀物**といわれます。

　米の原産地は、諸説ありますが、モンスーンアジア（38ページ参照）だとされています。米の生育には、生長期に20℃を超える気温、さらに年降水量1000mm 以上の雨が必要です。そうしたことから、**米は夏に降水量が多くなるモンスーンアジアでの生産が中心です。**この地域では、さまざまな米料理が食べられています。カレーや炒飯、ちまき、寿司、米の粉から作った麺類なども食べられます。アジア以外の米料理には、スペインのパエリア、イタリアのリゾット、アメリカ合衆国のジャンバラヤなどが有名です。

　小麦は、西アジアを原産地とする穀物です。生育に適しているのは、生長期に比較的涼しく、また年間の降水量が500 〜 800mm 程度を目安とする気候で、とくに**温帯（季節の変化が見られる温暖な気候帯）から亜寒帯（冷帯）が適しています。**小麦は、すりつぶして小麦粉にしたものを、パンやパスタなどに加工して食べます。

　とうもろこしは、メキシコ周辺の熱帯アメリカと呼ばれる地域が原産地です。**とうもろこしは米と同様に高温多雨の気候が栽培に適しています。**とうもろこしは、用途が多岐に

[**世界各地の主な食べ物**]

　　米
　　小　麦
　　とうもろこしなど
　　いも類
　　小麦・肉など
　　麦類とじゃがいも
　　肉と乳
　　その他

（朝日百科　世界の食べもの　ほか）

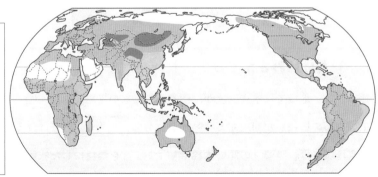

ひとことポイント！ 飲み物も地域によってさまざま

飲料も、地域で特徴が分かれます。

茶は、茶葉の発酵具合で、緑茶、紅茶、ウーロン茶になります。日本では発酵させていない緑茶がよく飲まれています。茶は温暖多雨で水はけのよい土地が生産に向いていて、中国やインド、スリランカ、ケニアなどで生産がさかんです。インドではチャイと呼ばれる、甘く煮だしたミルクティーが飲まれます。またイギリスやロシア、トルコでも茶の消費量が多く、主に紅茶が飲まれます。コーヒーも世界的に人気が高く、一人あたりの消費量はノルウェーが最大です。コーヒーはブラジルやベトナムでの生産量が多く、インドネシア、コロンビア、インドなどでも生産がさかんです。

アルコール飲料の地域性も多様で、焼酎や日本酒、ビール、ウイスキー、ワインなど、その地域で生産されるものを原料に作られます。とくにワインの生産地は、地中海性気候のもとで多くなります。これは、ぶどうの生産が地中海性気候でさかんに行われているからです。

渡ります。先進国では家畜の飼料（えさ）用として、発展途上国では食用としてそれぞれ利用されることが多くなります。そのまま食べることもあれば、すりつぶした粉から**トルティーヤ**を作って食べることもあります。トルティーヤに肉や野菜をのせて巻いて、チリソースで味つけした**タコス**は、とくにメキシコで多く食されています。

②食生活は多様化している

「狭くなる地球」という言葉があるように、かつては考えられなかったほど、地球上のありとあらゆる場所に短時間で移動できるようになりました。人だけでなく、物の移動も同じで、少ない時間で大量に物を運搬できるようになっています。これによって、**食だけでなく、さまざまな地域の文化が別な場所へ導入され、影響をおよぼしています。**

たとえば、日本でも日常的に食べられているハンバーガーやピザなどは、欧米諸国の食べものでした。その反対に、日本の食が他の地域へ広がった例もあります。寿司は典型例で、世界の色々な国で食されています。とくに和食は素材の味を活かしたものが多く、健康志向の強い先進国の人々の間で人気が高まっています。こうして各地に伝統的に伝わる食文化も、新しく生まれ変わっていくのです。

コレだけはおさえておこう！

・世界三大穀物と呼ばれるのは、米、　①　、とうもろこしの3つである。

・米は、　②　アジアでの生産量が多い。

・メキシコで食されるものに、　③　で肉と野菜を巻いて、チリソースで味つけされたタコスがある。

16 モンスーンで ガラリと気候が変わる？
—— アジアの自然環境

ここが大切！

❶ モンスーンアジアと乾燥アジアに分けて考えよう！

❷ 東南アジアには赤道が通過する！

1 モンスーンアジアと乾燥アジアに分けて考えよう

アジアは、ユーラシア大陸のヨーロッパ以外の地域を指します。一般的には、ウラル山脈、カスピ海、カフカス山脈、黒海、ボスポラス海峡、ダーダネルス海峡を結んだ線より東側をアジアと呼びます。アジアは東、東南、南、西に加えて、北、中央の6つに区分されます。「北アジア」はあまり聞き慣れない言葉ですが、シベリアのことを指していいます。

ここでは、アジアをモンスーンアジアと乾燥アジアに区分します。モンスーン（季節風／右ページの ひとことポイント！ 参照）の影響を受ける地域では、夏に海からの暖かく湿った空気が流

[モンスーンアジアと乾燥アジア]

れ込み、冬に内陸からの冷たく乾いた空気が流れてきます。**モンスーンアジアは、夏と冬の気温と降水量の差が大きい地域**なのです。モンスーンアジアは、夏の気温が高く雨の多い気候を背景に、**稲作**がさかんです。とくにモンスーンアジアの大河川の下流域に広がる**三角州（デルタ）**で生産される**米の生産量は世界の約80%**を占めています。

一方の乾燥アジアは、夏のモンスーンの影響が弱い地域です。内陸に位置しているためにモンスーンが届かないモンゴルや中国西部、モンスーンの通り道にならないパキスタンや西アジアなどがそうです。乾燥アジアは降水量が極端に少ないため、本来農業には適さない地域です。そこで、**かんがい**によって穀物栽培を行っています。また羊やヤギなどの家畜の飼育も見られます。

モンスーン(季節風)が気候のカギになる

モンスーンとは季節に応じて、向きが変わる風のこと。風は、気圧の高いところから低いところへ流れるため、モンスーンが発生する地域では、高気圧と低気圧の配置が季節に応じて逆転します。

気温が高まると、空気は軽くなって上昇します。すると上から押す力が弱くなるため、気圧が低くなります。気圧が高くなるのはその反対です。つまりモンスーンは、最も暖かい月と最も寒い月の平均気温の差が大きい地域で発生する風なのです。常に暑かったり、寒かったりする地域では、気圧の逆転現象は生じません。

また偏西風（中緯度地方を西から吹いてくる風）の影響が大きい大陸西岸では、海洋の影響を強く受け気温の年較差が小さいためモンスーンはほとんど発生しません。モンスーンは、主に中緯度の大陸東岸で発生します。

② 東南アジアには赤道が通過する

アジア地域において、**赤道が陸地を通過する地域は東南アジアだけ**です。地図で確認してみましょう。マレー半島の先、シンガポールのあたりから、スマトラ島、カリマンタン島、スラウェシ島を通過します。

赤道の付近は一年中気温が高く、年降水量が多い**熱帯気候**が展開します。

[山地の斜面に広がる棚田]

河川に流れる水の量が豊富で、下流域では運ばれてきた土砂が堆積して形成される三角州が広がります。三角州は河川の河口付近に形成されるため、運ばれてくる土砂は粒が小さい砂や泥がほとんどです。そのため**保水性がよく、稲作に適した土地**なのです。そうした環境なので、東南アジアでは米の生産がさかんに行われています。

また東南アジアは、高く険しい山が多い地域でもあり、上の写真のように、山沿いでは山地の斜面を拓（ひら）いて作った**棚田（たなだ）**が見られる場所もあります。

✎ コレだけはおさえておこう！

・モンスーンアジアは夏と冬の気温の差が [①] 。

・モンスーンアジアでは [②] の生産がさかんで、世界の約80％の生産量を誇る。

・東南アジアでは狭い土地を有効利用するために、山地斜面では [③] が見られる。

17 急速に進んでいく成長の秘密は？
──東アジア諸国

ここが大切！

❶ 中国は低賃金労働力と巨大な市場を背景に経済発展した！

❷ アジア NIEs が出現して工業が成長！

---

1 中国は低賃金労働力と巨大な市場を背景に経済発展した

　東アジアには、日本をはじめとして、中国、韓国、モンゴル、北朝鮮の5カ国があります。中でも中国は21世紀に入ってから、急激に経済成長をしました。1950年に約5億人だった人口は現在14億人を超え、急激な人口増加をおさえるために、夫婦一組につき子ども一人までとする**一人っ子政策**（1979～2016年）が進められました。中国の成長を支えたのは、**国内の豊富な低賃金労働力と巨大な市場でした。**

[中国の地域別に見た一人あたりの GDP]

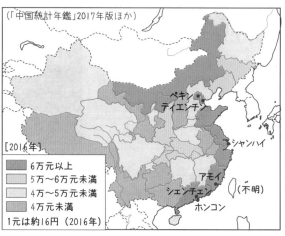

（「中国統計年鑑」2017年版ほか）

[2016年]
- 6万元以上
- 5万～6万元未満
- 4万～5万元未満
- 4万元未満

1元は約16円（2016年）

ペキン／テイエンチン／シャンハイ／アモイ／シェンチェン／ホンコン／（不明）

　中国は社会主義の国で、1949年の建国以来、多くの企業が国の運営のもとで経済活動を行っていました。しかし資本主義と違い、働く時間が長くても、成果を挙げても、決まった賃金しか手に入らないため、生産性が向上しませんでした。そこで**社会主義の中に市場原理を導入する**という方針に変えたのです。

　1979年には**経済特区**を作り、外国企業の工場進出を促します。外国企業からすれば、**安い賃金で中国人に働いてもらえること**と、作った商品が**巨大な人口を抱える中国国内の市場に出荷できること**が魅力だったのです。こうして中国は「世界の工場」と呼ばれるようになり、中国人の賃金水準が向上しました。

　生活が豊かになると、食生活にも変化がもたらされるため、中国国内では肉類や乳製品などの需要が高まりました。食料に関する貿易では輸入が増え、すでに貿易赤字となっています。国内で必要な食料を、国内の生産でまかなうことができなくなっているのです。

アジアNIEsと工業発展

　一般的にアジアNIEsと呼ばれる国と地域は韓国、台湾、香港、シンガポールの4つです。アジアNIEsがめざした「輸入代替型工業」とは、それまで輸入に頼っていた工業製品の国産化が目的でした。しかし所得水準が低く国内人口が少ないため、経済成長には限界がありました。そのため、世界市場へ向け

て輸出するという「輸出志向型工業」を進め、日本やアメリカ合衆国などの所得水準が高く、人口規模の大きい国へと輸出していきました。

　その際、外国企業を誘致して資本と技術を導入するため、税金を低くするなど、制度の見直しを行いました。外国企業にとっては、低い賃金で働く労働力の確保ができ、さらに輸出不振の解消も期待されました。

　また、急激な工業発展は輸出に便利な東部の沿岸部を中心としたものでした。左ページの図のように、中国の沿岸部を中心に一人あたりのGDP（**一年間に国内の経済活動で生み出した物やサービスにおける付加価値の合計**）が高くなっていることがわかります。そのため東部と西部で経済格差が生じています。さらに、エネルギーや資源を多く利用した経済発展のため、環境問題がいたるところで発生しているといわれています。

② アジアNIEsが出現して工業が成長

　アジアNIEsと呼ばれる韓国、台湾、香港、シンガポールの4つは、アジア諸国・地域の中では早くから工業発展をめざしました。NIEsとは**新興工業経済地域**という意味です。

　中でも韓国は、「漢江の奇跡」といわれるほどの経済成長を果たしました。韓国は日本と同じように、エネルギーや資源に恵まれない国です。そのため、**輸入した資源を加工して輸出すること**に力を入れました。

　1960年代は繊維製品などの軽工業製品、1970年代からは鉄鋼や石油製品、造船、自動車といった重化学工業製品、1990年代以降は、ハイテク産業が成長していきます。

　アジアNIEsの4つの国と地域は、中国の急成長によって賃金水準の優位性を保てなくなり、より高い価値を持った工業製品の生産に力を入れたのです。それが半導体産業や液晶テレビ、スマートフォンなどのハイテク製品の製造です。

　台湾企業は、「言葉の壁」がないことと、低賃金の労働力が確保できることなどから、中国へ工場進出するケースが増えています。

コレだけはおさえておこう！

・中国の急激な経済成長を支えたのは、豊富な　　①　　労働力と巨大な市場である。

・アジアNIEsの工業発展は、　　②　　型の工業化を進めたことを背景としている。

18 人口6億人の巨大な市場！

——東南アジア諸国

❶ 近年の東南アジアは工業化の進展がめざましい！

❷ ASEAN 域内で工業製品の貿易がさかんに！

1 近年の東南アジアは工業化の進展がめざましい

　東南アジアには、11カ国があります。ベトナム、ラオス、カンボジア、タイ、ミャンマー、マレーシア、シンガポールといった半島部の国と、フィリピン、ブルネイ、インドネシア、東ティモールといった島国です。

　人口は約6億人と、人口規模の大きな地域です。ひとつの民族だけで成り立っている国はなく、多様な民族で構成されます。シンガポールでは、国民の約4分の3が中国系（華人）で、マレー人、タミル人なども生活しています。

　東南アジアの経済は、かつては**農林水産業などの第一次産業が中心**でした。古くから米の生産がさかんで、高い気温と降水量の多さを活かして、年に2回稲を栽培する**二期作**が行われている地域もあります。

　かつて東南アジアの国々は、欧米の国々から植民地支配を受けていました。その時代に行われていたのが、**プランテーション**と呼ばれる大農園での商品作物の大量生産です。

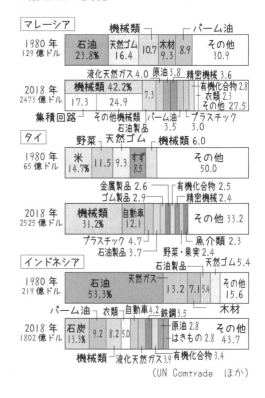

東南アジアの主な国の輸出品の変化

（UN Comtrade　ほか）

　またインドネシアやマレーシアなど資源が豊富な国が多く、これらの国では農産物だけでなく鉱産資源やエネルギー資源の輸出も行われてきました。このように、一次産品の輸出が貿易の中心でした。

マレーシアの油やし栽培

マレーシアは古くから天然ゴムのモノカルチャーが行われていました。モノカルチャーとは単一栽培のことで、特定の農作物だけを大量に栽培します。天然ゴムは、車の世界的な普及によってタイヤ需要が増大したことで需要が高まりました。しかし、合成ゴムの登場とゴム樹の老木化によって、脱モノカル

チャーが進められると、かわりに油やし栽培が行われました。油ヤシからはパーム油が生産され、これらは先進国へ輸出されるようになりました。パーム油の生産は最近40年で20倍に膨れ上がりました。

しかしこれは油やし農園の拡大を意味していて、農園の大規模な開発は熱帯林の破壊につながったと考えられています。

しかし、左ページのグラフからもわかるように、近年の東南アジアは工業化の進展がめざましく、いち早く工業化を果たしたシンガポールを筆頭に、マレーシアやタイなどでも電気機械製品や輸送用機械などの生産が行われるようになりました。この背景には、東南アジアの国々の低い賃金の労働力を活用するために、外国企業が進出をしてきたことがあります。

② ASEAN域内で工業製品の貿易がさかんに

1967年、東南アジアの政治的安定などを目的に **ASEAN（東南アジア諸国連合）** が発足しました。その後、1989年にアメリカ合衆国とソビエト連邦による冷戦（冷たい戦争）が終わると ASEAN への加盟国が増え、経済的組織へと発展しました。

かつて、東南アジアの国々は農産物や鉱産資源、エネルギー資源などの一次産品を先進国へ輸出して工業製品を輸入するという **垂直貿易** を行っていました。しかし、工業製品の生産が増えていったことで、もともと人口が大きい東南アジアの経済水準や購買力は上がっていき、巨大な市場となっていきます。

東南アジアに進出した日本企業は、1980年当時は60社程度でしたが、現在では7350社を超えるまでになりました。こうして、生産された工業製品を近隣の国へと輸出する **水平貿易** に移り変わっていきます。

さらに2015年には **AEC（ASEAN経済共同体）** が発足し、それまであった **AFTA（ASEAN自由貿易地域）** を強化させ、加盟国間の貿易の拡大をはかっています。

✏ コレだけはおさえておこう！

・東南アジア諸国はかつて ① の輸出が貿易の中心だった。

・外国企業の進出や、工業製品の生産・輸出がさかんになり、先進国との ② 貿易から東南アジア諸国内の ③ 貿易が行われるようになった。

19 インドでは何語が話される？
──南アジア諸国

ここが大切！

❶ 南アジアの国々は宗教ごとに独立！
❷ インドのIT産業の発展は、英語と時差を武器にする！

---

1 南アジアの国々は宗教ごとに独立

　南アジアには7つの国があります。インド、パキスタン、バングラデシュ、スリランカ、ネパール、ブータン、モルディブです。かつてイギリスの植民地支配下にあった南アジアの国々は、それぞれの宗教ごとに独立しました。

　ヒンドゥー教徒の多い地域は、1947年にインドとして独立します。 ヒンドゥー教のカースト制度はバラモン、クシャトリア、ヴァイシャ、シュードラの4つのヴァルナ（階層）からなる宗教的身分制度です。

[南アジアの主な宗教分布]

　イスラム教徒の多い地域は、1947年にパキスタンとして独立します。 独立当時のパキスタンは現在のバングラデシュ（パキスタンの中の東パキスタン州、1971年独立）を含んだ地域でした。しかしパキスタンとバングラデシュの共通点は「イスラム教を信仰する」ということだけで、それ以外になかったのです。

　スリランカは独立当時、セイロンという名前で、北部にタミル人、南部にシンハラ人がそれぞれ住んでいました。タミル人はヒンドゥー教を信じ、シンハラ人は上座部仏教を信仰する人々です。しかし、シンハラ人を優遇する政策が進められたことなどをきっかけに1983年にはじまった内戦は、2009年まで26年も続きました。

　インドとパキスタンとの間には、**カシミール地方をめぐる領有問題**が存在します。カシミール地方はイギリスから独立する際、住民の多くを占めるイスラム教徒はパキスタンへ、ヒンドゥー教徒であったカシミール藩王はインドへの帰属をそれぞれ選びました。これが原因で両国は対立し、戦争へ突入しました。

インドで自動車を生産する日系企業

インドでは地元企業を中心にした自動車の生産が知られています。しかし、1980年代よりスズキやホンダといった日系自動車企業が進出し、地元企業と設立した合弁会社が自動車を生産しています。スズキが地元企業と設立した会社は、インド国内の自動車販売台数シェアNO.1を誇ります。

ホンダは主に自動二輪車の生産に力を入れています。2000年以降は、インドへの外国企業の進出に関する規制が大幅に緩和され、日本以外からも自動車企業の進出が増えています。インドは人口が多いだけに、国外から進出する企業にとっては非常に魅力的な市場なのです。

②インドのIT産業の発展は、英語と時差を武器にする

イギリスの植民地支配を受けていたインドは、英語を準公用語としています。公用語であるヒンディー語は、国民の40％程度しか話せないため、国内の共通語として広く英語が使われています。

インドは、国土の中央部を東経80度が通過しています。アメリカ合衆国における**先端技術産業（コンピューターなどの電子機器やロボット、ファインセラミックなどを高度な技術で生産する産業）**が集まっている西経100〜120度の地域とは、約12時間の時差があります。アメリカ合衆国で仕事が終わる時間にインドでは仕事がはじまるため、**時差を利用しながら24時間連携する**ことができます。こうした理由から、**インドではソフトウェア開発がさかんに行われています。**

また、ヒンドゥー教のカースト制度で決められた職業には、**情報技術（IT）産業**は含まれていないため、**低いカーストの人でも、努力次第で就くことができる**のです。技術者となったインド人には、アメリカ合衆国などの英語圏で働く人も少なくありません。

[インドと
アメリカ合衆国の時差]

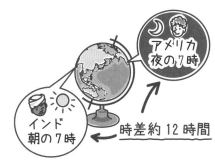

アメリカ
夜の7時

インド
朝の7時

時差約12時間

コレだけはおさえておこう！

・ヒンドゥー教徒が多い地域はインドとして、　①　教徒が多い地域はパキスタンとして、仏教徒が多い地域はスリランカ（当時はセイロン）として、イギリスから独立した。

・宗教上の対立から、　②　地方では領有をめぐってインドとパキスタンが争っている。

・インドは、準公用語の　③　や、アメリカ合衆国の先端技術産業が集まる地域との　④　を武器にIT産業を発展させた。

20 ヨーロッパとアフリカのお隣はどこ!?
——西アジア・中央アジア諸国

ここが大切!

❶ **ペルシア湾には原油の埋蔵が多い!**

❷ **中央アジアは資源の埋蔵が豊富!**

1 ペルシア湾には原油の埋蔵が多い

イランの南西部とアラビア半島の間にある**ペルシア湾は、原油が多くとれます。**

ペルシア湾に面している国では、原油や石油製品を輸出することで産業を発展させ、新たな油田の開発、石油化学工業を中心とした重工業化、社会資本の整備、かんがい農業の研究、海水を淡水に変える技術の開発などに力を入れています。

原油の価格は、**OPEC（石油輸出国機構）**によって決められ

[**西アジア地域の資源**]

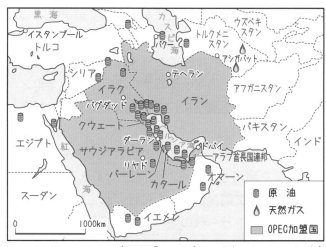

(World Energy Atlas 7th edition, ほか)

ていました。OPECに加盟している13カ国のうち、西アジア地域はサウジアラビア、アラブ首長国連邦、クウェート、イラン、イラクの5カ国で、すべてペルシア湾に面しています。OPECの原油の産出量は世界の産出量の37.5%（2019年）を占めていて、産出できる埋蔵量は世界の70.7%（2019年）です。とくに**サウジアラビアは世界最大の原油の輸出国**として知られています。

また、アラブ首長国連邦のように、観光業に力を入れる国もあります。ドバイ国際空港は中東のハブ空港（113ページの<ひとことポイント!>参照）として知られ、多くの観光客が訪れます。産業の発展は多くの雇用を生み出し、外国から出稼ぎ労働者がやってきました。とくに**インドからの労働者**が多く、ドバイは住民の多くがインド人です。しかし、あまり原油が産出しない国では経済発展のための資金がなく、経済格差が生まれています。

2度のオイルショック

オイルショックは、1970年代に2度起こりました。1度目は1973年、第四次中東戦争をきっかけとしたものでした。2度目は1979年のイラン革命がきっかけでした。

とくに最初のオイルショックは、世界中が震撼（しんかん）しました。日本は1970年には一次エネルギー供給量に占める石油の割合が72％に

まで上がっていたため、オイルショックによる原油価格の高騰は、1955年より続いていた高度経済成長期に終止符を打ちました。

それをきっかけに、石油に偏っていたエネルギー政策は見直されました。石油の備蓄や省エネルギーなどの取り組みが進められ、原子力や天然ガスを利用したエネルギー政策へと方向転換がされたことで、石炭の利用も再検討されました。

② 中央アジアは資源の埋蔵が豊富

中央アジアには、かつてソビエト連邦を構成していた国々があります。ソビエト時代は社会主義政権のもとで、思うように経済が発展しませんでした。

独立後、鉱産資源に恵まれた国は、それを輸出することで発展していきます。中央アジアは、**原油や天然ガス、石炭、レアメタル（先端技術産業に欠かせない金属）の埋蔵が豊富**です。近隣を見渡すと、中国やインドといった、近年経済が急成長している国があります。

［ 中央アジアの国と首都 ］

す。近くに鉱産資源の大きな需要があれば輸出が伸びます。そこで近年では外国企業の進出が増え、鉱山開発が進められているのです。

また中央アジアは、国名の後ろが「スタン」となっている国がたくさんありますが、これは「○○人の土地」という意味があります。これらの国々では**イスラム教**を信仰する国民がほとんどです。かつてのイスラム文化は歴史的遺産として多く残っていて、観光業が成長しています。

✎ コレだけはおさえておこう！

・世界最大の原油の輸出国は ［ ① ］ である。

・アラブ首長国連邦では、多くの ［ ② ］ 人が出稼ぎ労働者として働いている。

・中央アジアの国々は、［ ③ ］ 教を信仰する人たちが多い。

世界の諸地域

PART
3

21 赤道の通る場所は？

——アフリカの自然環境

ここが大切！

❶ 赤道はアフリカ大陸の「ど真ん中」を走る！

❷ アフリカ大陸はなだらかな高原！

1 赤道はアフリカ大陸の「ど真ん中」を走る

アフリカ大陸はユーラシア大陸の南西に位置する地域で、**大陸のほぼ中央を赤道が通過します**。大陸の北部と南部は、それぞれ**緯度35度付近**まで展開しています。赤道がアフリカ大陸を南北をほぼ半分に分断しているといえば、わかりやすいかもしれません。

13ページの ひとことポイント！ で述べたように、太陽エネルギーの到達量は緯度に応じて変化します。そのため、アフリカ大陸の気候は、赤道を中心に南北に線対称のように分布しています。赤道周辺は**熱帯気候**が展開しますが、緯度が高くなる（南北に遠ざかる）につれて、**乾燥帯気候、温帯気候**へと変化していきます。熱帯と乾燥帯が展開する地域の合計がアフリカ大陸の**約85%**ということから、気候環境の厳しい大陸であることがわかります。

[**アフリカ大陸と自然**]

赤道付近に広がっている熱帯林は、古くから南北間の交流を断絶してきました。熱帯林の北と南の地域では**サバナ**と呼ばれるまばらな森林と丈の長い草原が広がります。ここには野生の動物が生息しており、さまざまな生態系を見ることができます。

アフリカ大陸の北側と南側には、丈の短い草原や砂漠が広がります。北西部と南西部には、太陽の回帰の影響から夏に少雨となる温帯気候（地中海性気候）が展開しており、小麦やぶどう栽培が行われています。

「エジプトはナイルの賜」

「エジプトはナイルの賜」は、ヘロドトスという人の言葉です。エチオピア高原に吹くモンスーン（季節風）の影響で、毎年7～10月頃になると、ナイル川は氾濫していました。そのため下流域では、河川の氾濫のたびに養分や水の多い土砂が積もり、農業が行われるようになりました。

下流域に発達した三角州では、小麦やなつめやし、米などが栽培されています。

古代エジプトの人々は、ナイル川の氾濫時期を把握しておくために、おおいぬ座のシリウスの位置を観測して暦を作りました。また、洪水後の測量技術や土地を区画するために幾何学が発達したといいます。

② アフリカ大陸はなだらかな高原

アフリカ大陸の高度別面積の割合を見ると、200～1000mが約70%を占めています。これは高原状の大陸であることを示しています。平均高度は約**750m**で、200m未満の平野部が約10%ほどしかありません。

内陸部から流れ出る河川の下流域では、急流や滝が多く見られます。東部には、標高5000m以上の火山があります。標高2000mを超えるエチオピア高原は、比較的涼しい気候です。

北部は、古くから地中海をへだてたヨーロッパとの交易がさかんでし

[世界三大瀑布で有名な
ザンベジ川のヴィクトリアの滝]

た。また、世界最大の砂漠である**サハラ砂漠**が展開するのも、北部です。サハラ砂漠を通って地中海に流れる**ナイル川**は水の量が豊富で、下流域ではかんがい農業が行われています。

コレだけはおさえておこう！

・アフリカ大陸の北部と南部は緯度　　①　　度付近まで展開している。

・熱帯気候と乾燥帯気候をあわせて、約　　②　　%を占めている。

・アフリカ大陸は、平均高度　　③　　mと高原状の大陸である。

22 国境が直線なのはどうして？
——アフリカの歴史と文化

ここが大切！

❶ アフリカの多くはイギリスとフランスが植民地支配をしていた！

❷ アフリカ大陸は人種・言語・宗教が多種多様！

1 アフリカの多くはイギリスとフランスが植民地支配をしていた

アフリカは、イギリスやフランスなどから20世紀はじめまでほぼ全地域が**植民地**支配を受けました。植民地とは、他の国から政治や経済面で支配される地域のことです。このことは、アフリカを知るうえで大切な歴史です。

アフリカ大陸の地図を見ると、**直線で引かれた国境線**が多いことがわかります。たとえば、エジプトとスーダンの国境は北緯22度、エジプトとリビアの国境は東経25度に沿っています。これは、植民地支配をしていたヨーロッパ諸国が設定した国境で、民族の分布を無視したものでした。結果的に、この国境がアフリカ各地で起きる**民族紛争**の原因となり、今も経済成長の足かせとなっています。

[**植民地支配下のアフリカ**]

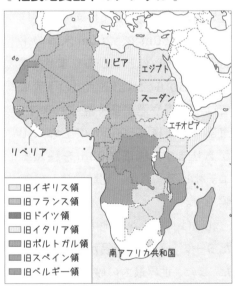

第二次世界大戦が終わり、1951年にイタリアからリビアが独立すると、他の国も次々と独立を果たすようになりました。とくに1960年には17カ国が独立したため、「アフリカの年」と呼ばれています。

植民地支配の影響は、今でも残っています。たとえば、旧イギリス植民地だった南アフリカ共和国では、英語を公用語のひとつとしていたり、同じくイギリスの植民地だったインドから連れてきた労働者の子孫が多く住んでいたりします。このように多様な民族が暮らしているため、近くに住む民族でも言葉が通じないことがあります。そのため、国民の共通語として広く**英語**が使われているのです。

ひとことポイント！ 三角貿易

　三角貿易は、19世紀はじめまで続いた貿易です。

　イギリスやフランスは、植民地支配で必要となる労働力を、アフリカのギニア湾岸に住む人で確保しようとしました。武器とお金を使って、奴隷として国外に連れていったのです。アメリカ合衆国南部や西インド諸島、ブラジルなどへ送られた人々は、さとうきびや綿花の栽培をすることになります。生産された砂糖や綿は、イギリスやフランスへと輸出されました。

　アメリカ合衆国、ハイチ、ジャマイカ、ブラジルなどにアフリカ系黒人が多く暮らしているのは、このような歴史があるからなのです。

② アフリカ大陸は人種・言語・宗教が多種多様

　アフリカには、白人も多く暮らしています。とくにアフリカの北部には、白人が多く生活しています。アフリカ北部には、モロッコ、アルジェリア、チュニジア、リビア、エジプトなどがあり、ここでの言語は西アジアのほとんどの国と同じくアラビア語が話され、イスラム教を信仰する人たちが多くいます。

　一方、サハラ砂漠よりも南には黒人が多く生活しています。言語の分類も北部とは異なり、宗教もキリスト教やイスラム教、地域に古くから根ざした独自の宗教などがさまざまに信仰されています。**ほとんどの国がいくつかの民族から成り立っている**のが特徴です。

　アフリカは非常に広大な大陸で、さまざまな自然環境が広がっていることから、収穫できる作物や食文化は、地域によって異なります。熱帯地域ではいも類、東部や西部、南部ではとうもろこしなどが主食となります。また北西部では、小麦を主食とした食文化も存在します。食べ物だけではなく、民族音楽や民族舞踊など、さまざま文化が存在するのがアフリカ大陸です。

　アフリカ東部で話す人が多い言語として**スワヒリ語**が知られています。「スワヒリ」とは、アラビア語で「海岸」という意味です。古くから、アフリカ東部ではアラビア人との交易がさかんだったことから生まれた言語です。スワヒリ語の誕生により、異なる部族間での会話が可能になりました。現在、スワヒリ語を話す人は約4000万人いるそうです。ちなみに、スワヒリ語の「こんにちは！」は「ジャンボ！」といいます。

PART 3

世界の諸地域

✏ コレだけはおさえておこう！

・ヨーロッパの国々に植民地支配されていたことから、アフリカで見られる国境線は ① 状のものが多い。

・言語の異なる多様な民族が暮らしているため、共通語として ② が広く使われている。

23 チョコレートと携帯電話の原材料は？
——アフリカ諸国

ここが大切！

❶ アフリカでは農業と鉱業が産業の中心！

❷ 豊かな資源をめぐる課題もある！

1 アフリカでは農業と鉱業が産業の中心

アフリカの多くの国では、農業と鉱業が産業の中心になっています。

生産量の多い作物として、**カカオ、茶、コーヒー、綿花**などが知られています。これは、植民地時代に特定の作物を大農園で大量に栽培する**プランテーション農業**が広がったことが背景にあります。栽培された綿花は、当時産業革命で工業化したヨーロッパにおいて、工業製品の原料として利用されました。独立した現在でも、貴重な輸出品目として経済を支えています。

コートジボワールやガーナなどでは、カカオの栽培がさかんに行われています。気温が高く、

[**アフリカの鉱産資源**]

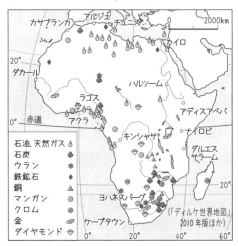

一年の降水量が多いギニア湾の気候が、栽培に適しているからです。ケニアの茶は、植民地時代に生産されていた名残で、現在でもイギリスに向けて輸出されています。

アフリカは**鉱産資源**が多い地域でもあります。石炭や鉄鉱石をはじめ、原油、金、ダイヤモンド、レアメタルなど豊富に埋蔵されています。とくに、先端技術産業で必要不可欠な資源として、レアメタルが先進国へと輸出されています。

しかしアフリカでは、工業製品の生産が遅れています。農産物や鉱産資源などの一次産品の輸出で外貨を獲得する**モノカルチャー経済**が中心だからです。農産物の収入は天候や世界の景気に左右されるため、収入が安定しません。これはアフリカの課題といえるでしょう。

フェアトレード

　かつて、発展途上国が農産物を先進国に輸出する際、価格を安くするように相手国から不当な圧力をかけられることがありました。しかしこれでは、発展途上国の農家は十分な収入が得られないだけでなく、農業に必要なものを買うことができないため、生産を続けることが難しくなってしまいます。輸入する先進国側にとっても、農産物を安定して買えなくなるというデメリットがあります。

　そこで、輸入するときの価格を適正に評価し、たとえ先進国側が不利益になっても、**発展途上国側の利益を確保しよう**という取り組み「フェアトレード」が広がりはじめました。これは、発展途上国の農家の生活向上にもつながると考えられています。

② 豊かな資源をめぐる課題もある

　鉱産資源に恵まれた国は、輸出で得たお金を使って、都市の公共の設備や道路などを整備し、雇用が生まれ、農村部からの移住者が増えて発展していきます。しかし、移住者がすべて仕事と住居を手にできるわけではなく、**スラム**と呼ばれる居住環境の悪い地区で生活をする人もいます。

　スラムでは犯罪が発生しやすいだけでなく、高い失業率と貧困の問題があります。無秩序に家屋が建てられるスラムは、緊急車両が通過できないほど道が狭くなっています。そのため、火事が発生すると一気に燃え広がり、多くの犠牲者を出すこともあります。スラムは、ゴミ捨て場の近く、道路の高架下、線路沿いなどに作られています。

　アフリカでは人口が急増していますが、一方で食料生産が人口増加に追いついていないという課題もあります。食料不足は栄養不足につながり、病気の発症率が高くなります。また、作物の生産量を増やそうとして、農地の拡大や森林・草原の開拓をしたため、環境問題が深刻化していきます。

　先進国では、技術や開発の援助をすることで、こうした課題を解消しようとしています。現地で手に入るものを利用して、学校や病院の建設、道路や水道、電気などの整備を、現地の人々の手で続けていくことが重要です。アフリカでは、水道施設の整備が追いついておらず、ストレスなく安全な水を入手できる地域は多くありません。安全な水を確保できないということは、感染症などの命の危険と隣り合わせだということです。そして、一日の大半を水くみという重労働で終えてしまう子どもたちも多く、勉強したくてもそれが望めない状況があるのです。

コレだけはおさえておこう！

・特定の作物のみを大農園で大量に栽培する農業を　①　農業という。

・農産物や鉱産資源などの一次産品の輸出で外貨を獲得する経済を、　②　経済という。

答え　①プランテーション　②モノカルチャー

24 日本より北なのに、暖かいのはなぜ？
——ヨーロッパの自然環境

> ### ここが大切！
>
> ❶ ヨーロッパは高緯度でも気候が温暖！
> ❷ 北緯50度で地形の特色が変化する！

1 ヨーロッパは高緯度でも気候が温暖

ヨーロッパは、ユーラシア大陸西岸のおよそ北緯35度から北緯70度に位置します。北緯40度が秋田県と岩手県を通ることから、日本列島と比べると**ヨーロッパのほうが高緯度にある**ことがわかります。

同じ緯度のユーラシア大陸東岸では**亜寒帯（冷帯）気候**が展開しますが、西岸に位置するヨーロッパは温暖な気候です。その理由は、**沖合を流れる北大西洋海流と偏西風**にあります。北大西洋海流で発生した、暖かく湿った空気が西から吹く偏西風によって運ばれることで、寒さがやわらぐのです。

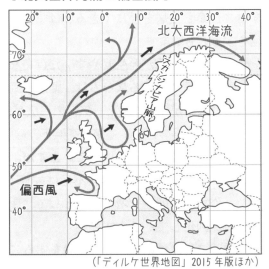

[北大西洋海流と偏西風]

（「ディルケ世界地図」2015 年版ほか）

夏は涼しく、冬は比較的温暖なことから、気温の年較差が小さい**西岸海洋性気候**が展開します。

ヨーロッパは、南部には高く険しい山地が多くあるものの、基本的に平野が広がっているため偏西風をさえぎるものがなく、内陸部まで暖かい空気が運ばれていきます。東経20度まで内陸にいくと、暖かい空気が届かなくなるため、それより東側には**亜寒帯気候**が展開し、夏と冬の気温差が大きくなっていきます。しかし、スカンジナビア半島あたりの高緯度になると、スカンジナビア山脈が縦断していて偏西風をさえぎるため、山脈よりも東側には**亜寒帯気候**が展開します。

南部では、亜熱帯高圧帯の影響を強く受けるため、夏に降水量が極端に少なくなる**温帯気候**が展開します。これを**地中海性気候**といいます。

ひとことポイント！

沖合を流れる海流と沿岸部の気候

　沖合を流れる海流は、沿岸部の気候に大きな影響を与えます。ヨーロッパのように、沖合を暖流が流れていれば、高緯度に位置していても温暖な気候になります。反対に沖合を寒流が流れていれば、沿岸部の大気が冷やさ

れます。冷やされた大気は重たいので上昇しません。そのため、雨が降りにくくなるのです。

　地球の自転の影響で北半球の海流は時計回り、南半球は反時計回りとなります。そのため、大陸の東の沖合は暖流が、西の沖合は寒流が流れることが多いのです。

② 北緯50度で地形の特色が変化する

　下の図を見ると、**北緯50度の北と南で地形の特色が変わっている**ことがわかります。

　北緯50度より南側は**アルプス・ヒマラヤ造山帯**（97ページの **ひとことポイント！** 参照）が横断する地域であるため、山地が多くなります。反対に北側には、平野が広がっています。

　最終氷期のヨーロッパは、北緯50度より高緯度側はほとんど氷河におおわれていました。氷河の侵食により地面が削られ、古代の岩がむき出しの状態になったために、平坦な地形が広がっているのです。氷河によって削られた大地は、土地の栄養分が少なく小麦の栽培には向きません。そこで冷涼な気候や、やせた土地でも育つ大麦やライ麦、じゃがいもなどが栽培され、涼しい気候を利用して**酪農**などが行われています。

［ 北緯50度の北側、南側の地形の違い ］

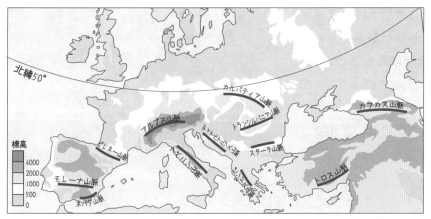

コレだけはおさえておこう！

・ヨーロッパは沖合を流れる　①　海流と　②　風の影響で、高緯度の割に比較的温暖な気候を示す。

・ヨーロッパ南部には、夏に降水量が少なくなる温帯気候である、　③　気候が展開する。

25 言語と宗教がアイデンティティー！
──ヨーロッパの歴史と文化

ここが大切！

❶ ヨーロッパは言語によって３つに分けられる！
❷ ヨーロッパ人の多くがキリスト教を信仰している！

1 ヨーロッパは言語によって３つに分けられる

ヨーロッパは多くの国からなる地域です。また、国ごとに日常的に話す言語が違います。しかし、**数多くある言語を大きく３つに分類することができます。**

同じ言語から派生したとされる言語の集まりを、語族といいます。ヨーロッパの言語は、一部を除いて、多くがインド・ヨーロッパ語族という言語系統に区分されます。ちなみに、世界に数多くある語族の中で、属する言語が最も多いのが、インド・ヨーロッパ語族です。

インド・ヨーロッパ語族の中で、とくに属する言語の数が多いのは、**ゲルマン系言語**（英語、ドイツ語、オランダ語、デンマーク語、ノルウェー語、スウェーデン語、アイスランド語など）、**ラテン系言語**（フランス語、イタリア語、スペイン語、ポルトガル語、ルーマニア語など）、**スラブ系言語**（ロシア語、ウクライナ語、ポーランド語、チェコ語、スロバキア語、ブルガリア語など）の３つです。

[ヨーロッパの言語の分布]

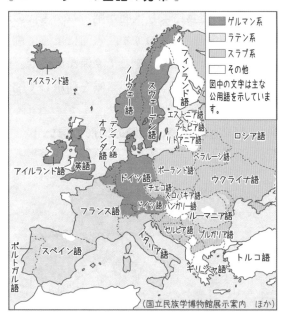

（国立民族学博物館展示案内　ほか）

ヨーロッパ人を「ゲルマン系」とか、「ラテン系」などと分類することがありますが、これはどの系統の言語を話す人々かを表したものです。たとえば、「おはよう！」は英語では「Good morning!」、ドイツ語では「Guten Morgen!」です。どうでしょうか。同じ系統だけに、似ていると思いませんか？

言語系統がわからない？

言語系統は、インド・ヨーロッパ語族以外にも存在します。フィンランド語やエストニア語、ハンガリー語が属するウラル語族、トルコ語や中央アジアの言語、モンゴル語などが属するアルタイ語族など、多数あります。しかし、地球上のすべての言語の言語系統が判明しているわけではありません。

たとえば日本語は、さまざまな説がありますが、独自の「日本語族」ではないかという学者もいます。

確かに日本語は、一人称や二人称といった人を指す単語が複数あるなど、世界でも珍しい言語のようです。他には、バスク語も言語系統が不明の言語として知られています。

② ヨーロッパ人の多くがキリスト教を信仰している

ヨーロッパでは、多くの人々がキリスト教を信仰しています。 クリスマスやイースターといった行事が有名ですが、日常でも、毎週日曜日には礼拝に出かけるなど、キリスト教はヨーロッパの人々のくらしに深くかかわっています。

キリスト教は、大きく**プロテスタント、カトリック、東方正教会**の３つの宗派に分けられます。例外はありますが、ざっくりと分類すると、プロテスタントはゲルマン系、カトリックはラテン系、東方正教会はスラブ系の人々に信仰されています。

[**ヨーロッパ各国の主な宗教**]

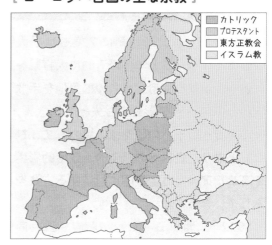

カトリック
プロテスタント
東方正教会
イスラム教

1960年代、第二次世界大戦で負けた西ドイツに、トルコから多くの労働者が移住しました。しかしトルコ人には**イスラム教**を信仰する人が多かったため、ヨーロッパにイスラム教徒が増えるきっかけとなりました。

近年、ヨーロッパへの移民（労働などを目的に、外国へ移り住んだ人々）が増加していますが、ひとつの国に異なる文化が交わると、ときに民族同士の争いに発展することがあります。そうした理由で、ヨーロッパでは宗教による対立が後を絶ちません。

コレだけはおさえておこう！

・ヨーロッパにおける民族の区分は ① によるものである。

・キリスト教には、主に ② 、カトリック、東方正教会といった宗派がある。

・近年、ヨーロッパでは ③ 教を信仰する移民の流入が増えている。

26 パスポートなしで隣の国へ！
——ヨーロッパ連合（EU）のあゆみ

ここが大切！

❶ ヨーロッパ共同体（EC）からヨーロッパ連合（EU）へ！

❷ 「ひとつ」になることで、経済水準の格差が見えてきた！

---

1 ヨーロッパ共同体（EC）からヨーロッパ連合（EU）へ

ヨーロッパは、20世紀に2度も世界大戦の戦場となったことで、経済的に大打撃を受けました。さらに自分たちの植民地を手放し、世界での政治的な影響力も失っていきます。**そこでヨーロッパの国々は、協力して「ひとつ」となり、世界への経済的、政治的影響力を高めたアメリカ合衆国に対抗する**方法を模索していきます。

1952年には、ヨーロッパ石炭鉄鋼共同体が発足されます。これは、鉄鉱石や石炭の資源産地を加盟国みんなで管理することで、政治的な安定をはかろうとした組織です。これにヨーロッパ経済共同体とヨーロッパ原子力

[EU 加盟国]

■…EC創設当時
■…EU創設当時
□…2021年現在のEU加盟国

※イギリスは2020年1月にEUを離脱

共同体が統合され、1967年には**ヨーロッパ共同体（EC）**が結成されます。さらに国家の枠組みを超えた結びつきを深めるため、**EC は1993年にヨーロッパ連合（EU）へと発展**します。

EU ができたことで、多くの EU 加盟国間で労働力や観光客は国境を越えるときにパスポート検査がいらなくなり、関税（輸入品にかかる税金）が撤廃されました。人、物、お金、サービスが、加盟国間を自由に移動できるようになったのです。2004年には、東ヨーロッパの国々を中心に10カ国が加盟し、25カ国体制となった後、2013年のクロアチアの加盟によって、加盟国は28カ国となりました。その後、2020年にイギリスが脱退し、現在ヨーロッパ連国の加盟国は27カ国となりました。こうして強大な経済市場となったヨーロッパ連合ですが、EU 加盟国間の経済格差が浮き彫りになったことも見逃せません。

なぜイギリスはEUを離脱したのか？

2016年6月、イギリスは国民投票でEUからの離脱を決めました。これは、イギリス国内にこれ以上の移民や難民を増やしたくないという理由がありました。

EUには、シリアやイラク、北アフリカなどからの移民や難民の流入が後を絶ちません。とくにイギリスは世界で多くの人が話せる英語を公用語としていることから、移民の流入数が多いのです。また、医療や福祉にかかる費用などが無料で、低所得層や求職者などへの社会保障が充実したイギリスは、移民や難民にとってありがたい国。その一方で、移民がイギリス国民の仕事を奪うという一面もあります。EUに加盟していると、難民や移民の受け入れは、基本的に拒否できません。イギリス国民が働いて得たお金から税金が支払われ、その一部が移民や難民のために使われていく。これ以上の税負担は耐えられないのです。そして、異なる文化をもつ難民や移民との共存は、文化的衝突を招く恐れがあり、治安の悪化も懸念されます。

さらに、EU離脱後、唯一の陸続きであるアイルランドとの関係をどう進めていくかが大きな課題となりました。「ヒト」の移動の自由を手放すということは、「モノ・カネ・サービス」の移動の自由も手放すことでもあります。これからはイギリスとアイルランドの間を移動する物品に関しては関税がかけられることになるため、商売のあり方が大きく変わっていくと予想されています。

②「ひとつ」になることで、経済水準の格差が見えてきた

統一した市場を創り出し、「ひとつ」になろうとするEUですが、加盟国が増えるにつれて、さまざまな課題が発生しています。

EUに加盟する27カ国は、宗派は違っていても**キリスト教を信じる国民が多数を占めています**。イスラム教徒が多数を占めるトルコは、長い間、EUへの加盟申請をしていますが、いまだに加盟にはいたっていないのが現状です。

共通通貨として創設したユーロについても、かつてのイギリスのように「ポンド紙幣にはエリザベス女王が描かれている！」などと、愛着を理由に採用しない国もあり、すべての加盟国が採用しているわけではありません。

また、経済発展した国がたくさんの分担金を払い、それが経済的に劣る国のために使われるなど、**加盟国間の経済格差も深刻です**。加盟国の多様性を尊重しながら発展しているEUは、難民や移民問題など、さまざまな悩みを抱えているのです。

コレだけはおさえておこう！

・1952年に発足したヨーロッパ石炭鉄鋼共同体をきっかけに、1967年に ① が結成された。

・EU加盟国では ② 教を信仰する国民が多数を占めている。

・EU域内で採用した、共通通貨 ③ は、すべての加盟国が採用しているわけではない。

答え ①ヨーロッパ共同体（EC） ②キリスト ③ユーロ

PART 3 世界の諸地域

27 チーズ、パスタにオリーブも！多様な食文化を支えるのは？
──ヨーロッパの農業

ここが大切！

① ヨーロッパの農業は地域によって異なる！
② 課題は、EU 内の農業を守ること！

1 ヨーロッパの農業は地域によって異なる

　イタリアやスペインなどの地中海沿岸は、夏は高温で乾燥し、冬は温暖で降水量が比較的多い**地中海性気候**です。このあたりでは、夏の太陽の恵みを活かしたオリーブやオレンジなどの果樹栽培や、冬の降水量を活かした小麦などの栽培をする**地中海式農業**がさかんです。スペインやイタリアはオリーブの生産量が世界有数で、小麦から作るパスタやピザにオリーブオイルをたくさん使って食べます。

[ヨーロッパの農業分布]

```
□ 混合農業          ※アフリカ，アジアの一部を含む。
□ 酪農、放牧        （「ディルケ世界地図」2010 年版ほか）
▨ 地中海式農業
■ 園芸、果樹
□ 森林、その他
⌄ 小麦
🌽 とうもろこし
🍇 ぶどう
```

　ヨーロッパ北西部では、小麦やライ麦などの穀物栽培と、豚や牛、羊などを中心とした家畜の飼育を組みあわせた**混合農業**がさかんです。混合農業が行われるドイツでは、ライ麦で作るパンやじゃがいも、豚肉で作るソーセージをよく食べています。

　アルプス山脈の周辺や、デンマークやオランダといった比較的涼しい地域では、乳牛を飼育し、生乳やバター、チーズなどの乳製品を生産する**酪農**がさかんです。オランダはチーズの生産量が世界有数で、消費も多いです。

夏に穀物が作れる地域は 家畜が増える！

ヨーロッパは北緯40度を境に、気候の違いが見られます。北緯40度より南では地中海性気候が展開し、夏に雨が少なくなりますが、北緯40度より北では西岸海洋性気候が展開し、一年を通して雨が降ります。

北緯40度周辺のヨーロッパ南部では、穀物を夏に栽培することが難しく、冬に作っていました。家畜のえさになる穀物が作れないということは、家畜を増やすこともできません。そこで、夏の気温を利用した果樹栽培が行われるようになりました。

北緯40度よりも北の地域では、夏に穀物を栽培できたため、それをえさにして家畜を増やし、牛や豚を中心とした家畜の飼育を組み合わせた混合農業が営まれていたのです。

② 課題は、EU内の農業を守ること

平地が広く、農業がしやすいフランスは、EU加盟国の中で最大の農業国です。とくに小麦の生産量が世界第5位、輸出量は世界第6位です。また、フランスの**食料自給率（国内で消費する食料のうち、自国で生産された割合）は100%を超えています。**しかし、EU加盟国には、農産物の生産量が少なく、食料自給率が低い国もあります。

またEUは域内農家を保護する政策を行っています。これを**共通農業政策**といい、EU域外から輸入する農産物には高い税金をかけ、域内で生産された農産物の流通促進を図るものです。さらに、域内の農産物に一定の価格を設定し、域外へ輸出する際は補助金を支出しています。しかしこれが財政を圧迫する原因となり、さらにはアメリカ合衆国などのEU域外の国々との貿易摩擦が生じるようになりました。

[小麦の生産国と輸出国の割合]

生産国

| 小麦 7.34億t | 中国 17.9% | インド 13.6 | ロシア 9.8 | 7.0 | その他 46.8 |
アメリカ合衆国 ／ フランス 4.9
(2018年)

輸出国

| 小麦 1.9679億t | ロシア 16.8% | 13.9 | カナダ 11.2 | 11.2 | 8.8 | その他 30.4 |
アメリカ合衆国 ／ ウクライナ ／ オーストラリア ／ フランス 7.7
(2017年)

(2020/21年版「世界国勢図会」)

✎ コレだけはおさえておこう！

・地中海性気候に属する地域では、オリーブやオレンジといった乾燥した夏に強い果樹や、冬の降水量を活かした ① などが栽培される。これを ② 農業という。

・北緯40度よりも北のヨーロッパ北西部では、穀物の栽培と家畜の飼育を組みあわせた ③ 農業がさかんである。

答え ①小麦 ②地中海式 ③混合

28 さまざまな国が一緒に 航空機を作っている！
——西ヨーロッパ諸国

ここが大切！

❶ フランスは航空機を輸出する国！

❷ スペインは自動車を輸出する国！

1 フランスは航空機を輸出する国

　ヨーロッパ連合（EU）が発足してから、人や物、お金などの移動が自由になっていきました。それにともない、**ヨーロッパの中で国際分業体制**が発展し、パスポートがなくても国境を通過できるルールづくりが進められました。

　フランスの航空機製造は、国際分業の代表例です。

[エアバス社の国際分業のしくみ]

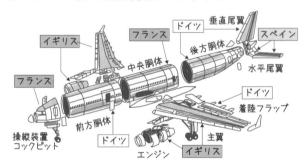

　航空機の製造は、製造会社が市場調査を行い、十分な利益が得られる数の受注がきてから製造が開始されます。航空機の開発は、大型旅客機で約1兆円かかるといわれます。このため、開発費の採算をとるためには多くの受注が必要となるのです。

　製造が決まると、部品供給部門での部品の製造がはじまります。航空機の部品数は数百万を超えるため、部品製造会社はヨーロッパだけでなく、日本やアメリカ合衆国、オーストラリアなど世界中におよびます。

　各国で製造された部品は、製造工場に集められ、一年の歳月をかけて組み立てられます。さらに安全性に問題がないか、一年かけて試験を行います。

　フランスのトゥールーズという都市には、エアバス社という航空機製造会社の工場があります。エアバス社は、アメリカ合衆国のボーイング社に対抗するために、イギリス、ドイツ、フランス、スペインの4カ国で設立された会社です。工場がフランスにあることと、航空機製造の状況から、上の図のように**EUの加盟国で製造された部品を輸入して航空機に組み立て、世界各国へ輸出している**のです。

ひとことポイント！ ヨーロッパのLCC

LCCとは、Low Cost Carrier のことで、一般的に「格安航空会社」と呼ばれる、低費用、低運賃でサービスを供給する航空会社をいいます。EU内の人や物、お金の移動が自由化されたことで、各都市を結ぶ航路が開設されました。

航空路線の拠点となるハブ空港同士を結ぶ路線は大型旅客機を利用しますが、LCCはそれほど多くの旅客数を見込めない路線を利用することがほとんどです。そのため、LCC拡大によって中型旅客機の需要が高まっています。世界で中型旅客機を製造しているのは、カナダやブラジルなどが知られています。

② スペインは自動車を輸出する国

スペインの最大輸出品目は自動車です。スペインの自動車産業は、1986年にEC（ヨーロッパ共同体）に加盟して以来、発展しました。スペインは、1970年代半ばから、輸出を目的とした工業製品の生産を進めていました。自動車産業はヨーロッパの伝統産業でもあり、歴史が古く、現在においても世界中に知られています。

スペインは、ドイツやフランスよりは賃金水準の低い国です。ドイツやフランスの自動車企業は、**スペインで自動車を作ることで生産費をおさえられたのです。**また、人口約5億人を抱える巨大な市場EUに、関税なしで輸出することができます。こうしてスペインの自動車生産は飛躍的に発展しました。

しかし2004年以降は、スペインよりも賃金水準の低い国がEUに加盟したことで、スペインは優位性を失ってしまいます。これによって大衆乗用車の生産拠点は東ヨーロッパの国へと移っていきましたが、スペインは今も、ヨーロッパではドイツに次いで自動車生産がさかんで、自動車生産台数の約9割が輸出されています。最近では自動車の研究開発部門の強化を進め、多くの企業が集まるようになっています。

一方の東ヨーロッパ諸国では、それまでスペインで生産されていた比較的安い大衆乗用車の生産が増えました。特に、ポーランド、チェコ、スロバキア、スロベニア、ハンガリーなどは、EUに加盟後の2005年以降生産が活発化しました。そのため、自動車の材料となる「鉄鋼」や「ゴム」などの輸入が増えています。

✎ コレだけはおさえておこう！

・フランスのトゥールーズには航空機製造会社の工場があり、部品を輸入して組み立てている。このような製造体制を ① 体制という。

・スペインの最大輸出品目は、 ② である。

PART **3**

世界の諸地域

29 すぐそこは北極！どうやって暖をとる？
——北ヨーロッパ諸国

ここが大切！

❶ **ノルウェーは原油の輸出が多い国！**

❷ **アイスランドは火山の国！**

---

1 ノルウェーは原油の輸出が多い国

ノルウェーは、スカンジナビア半島の西部を縦断しています。海岸線は**フィヨルド**（ノルウェー語で「入り江」）が発達していて、ここでは多くの観光客が大自然を満喫しています。

ノルウェーの沖合には、原油が多く埋蔵されている**北海油田**（ほっかいゆでん）があります。また、暖流の**北大西洋海流**が流れているため、比較的温暖な気候です。さらに人口が500万人程度と、国内でのエネルギー需要はそれほど高くありません。

[**フィヨルドができるしくみ**]

氷期に地面が氷河でおおわれる

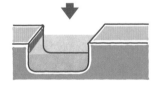

氷河によって侵食され、U字谷といわれる深い谷ができる

高低差 大

そこに海水が流れ込んでフィヨルドができる

ノルウェーは、水力発電がさかんな国としても知られています。このあたりの土地は、約２万年前に氷河におおわれていました。そのときの氷河の侵食によってできた土地の高低差を利用して、水力発電が行われています。**ノルウェーで使用される電気のほとんどが水力発電**によって作られています。

海底から掘り出した原油を、国内ではほとんど使うことなく輸出して、外貨を稼いでいるということです。

こうしたことから、ノルウェーは原油の輸出に力を入れる独自の政策で産業が成り立っています。そのためヨーロッパ連合（EU）に加盟して、さまざまな規制を受けることを避け、いまだに EU には加盟していません。

ひとことポイント！ フィンランドには"スオミ"という通称も

スオメン・タサヴァルタ、通称"スオミ"と呼ばれる国があることをご存じですか？ 実はこの国は、フィンランド共和国です。

ヨーロッパの北緯50度より高緯度側は、かつて大陸氷河の浸食を受けていた地域で

す。氷河の浸食により、くぼ地ができます。そこに水がたまり、湖となるのです。実際、フィンランド国内には19万もの氷河湖があります。

こうしてフィンランドには、「湖沼」という意味の"スオミ"という通称がつけられているのです。

②アイスランドは火山の国

アイスランドは、火山の国として知られています。火山の吹き出し口に国が位置しているため、**地熱発電**がさかんです。国内で使われる電力のおよそ4分の1が地熱発電、残りの4分の3は水力発電です。

北緯65度付近に位置するアイスランドは、非常に寒冷なため、地熱を使って温めた水をパイプラインで運び、家庭用暖房として利用しています。

このようにアイスランドは、**自然環境を活用したエネルギー政策**を行っています。そのため、発電コストが低く、電気代を安くできます。その安い電気を背景に、アルミニウム工業が発達しています。ア

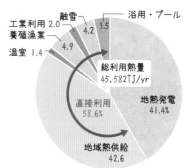

［ 熱利用量の用途割合 （地熱発電も含む） ］

- 工業利用 2.0
- 養殖漁業
- 温室 1.4
- 融雪 4.2
- 浴用・プール 3.5
- 養殖漁業 4.9
- 総利用熱量 45,582TJ/yr
- 直接利用 58.6%
- 地熱発電 41.4%
- 地域熱供給 42.6

【2014年12月末時点：Árni Ragnarsson（2015）を基に作成】

ルミニウムの製造には、大量の電気が必要となるため、安い電気が得られるアイスランドでさかんに行われているのです。

火山付近の間欠泉や、ブルーラグーンという温泉に観光客が訪れるなど、アイスランドの人たちは火山をさまざまな形で利用して生活しています。

しかし、火山はときに大規模な噴火を引き起こします。2010年4月に噴火したエイヤフィヤトラヨークトル火山は、ヨーロッパ州上空にまで火山灰を運びました。そのため、飛行機の離着陸が困難となり、一時的に空港が閉鎖される自然災害に発展しました。

✏️ コレだけはおさえておこう！

・ノルウェーは ① 油田から採掘される原油の多くを輸出している。

・ノルウェーは国内のエネルギーの多くを ② 発電でまかなっている。

・アイスランドは、国内で使われる電力のおよそ4分の1を ③ 発電に依存している。

答え ①北海 ②水力 ③地熱

PART 3 世界の諸地域

30 社会主義から資本主義へ！

──東ヨーロッパ諸国

> **ここが大切！**
>
> ❶ 冷戦時代、東ヨーロッパは社会主義だった！
> ❷ 各国の民族の違いについて知ろう！

1 冷戦時代、東ヨーロッパは社会主義だった

　日本やアメリカ合衆国などの多くの国では、**資本主義**といわれ、国民が働いて稼いだお金の一部を税金として納め、それをもとに国家が運営されています。

　一方、個人の財産を認めず、すべての財産は社会の所有物で、国民はみんな平等という考えかたもあります。これが**社会主義**です。

　第二次世界大戦後、資本主義の国と社会主義の国で、世界が2つに分かれました。資本主義の中心はアメリカ合衆国、社会主義の中心はソビエト連邦です。両国の間では、武力を用いた戦争には発展しませんでしたが、緊張状態が続いていました。これを**冷戦**（冷たい戦争）といいます。

[**1949年当時のヨーロッパ**]

社会主義を主張して同盟を結んだ国	資本主義を主張して同盟を結んだ国
どちらにも属さない中立国	独自の社会主義を貫いた国

　当時の東ヨーロッパは、旧ソビエト連邦の影響下にあったため、社会主義の国でした。誰もが平等ということは、たくさん働いて稼いでも、個人の財産にはなりません。そのため個人の働く意欲が向上せず、資本主義の国と比べて経済的に劣っていきます。

　1988年、旧ソビエト連邦のゴルバチョフ書記長が社会主義国家の自主性を認めるようになると、東ヨーロッパの国々では、売りたいものを売り、買いたいものを買うという自由な経済活動ができるようになり、一党独裁の政治から複数政党による民主主義へと転換していきました。そして1989年に起きた革命をきっかけに、**東ヨーロッパの国々は社会主義から資本主義に転換**していくことになります。

キューバ危機

1962年10月、ソビエト連邦がキューバにミサイル基地の建設をしていることが発覚し、アメリカ合衆国とソビエト連邦の間で緊張が走りました。これをキューバ危機といいます。

それ以前のキューバでは、アメリカ企業によって国民の利益が搾取される状態が続いていました。そこで、アメリカ企業の国有化を進めるキューバ革命が起きたのです。こうし

て、アメリカ合衆国とキューバは国交を断絶します。

その後キューバはソビエト連邦との関係を強くし、1961年に社会主義国家になることを宣言します。キューバへのミサイル基地建設は、こうした背景の中で発覚しました。

結局、「トルコにあるミサイル基地を撤去するなら、建設は中止する」というソビエト連邦の申し出をアメリカ合衆国が受け入れ、核戦争にまで発展すると恐れられたキューバ危機は幕を閉じました。

② 各国の民族の違いについて知ろう

東ヨーロッパの国に住む人々の多くは、**スラブ系**の言語を話すスラブ人です。スラブ系の言語は、ロシア語やポーランド語、チェコ語、スロバキア語などが含まれます。

[**ユーゴスラビアのおもな宗教**]

東ヨーロッパの中にはスラブ人以外もいます。たとえばハンガリーは、ウラル語族に属するハンガリー語（マジャール語）という言語を話す人が多い国です。ウラル語族は、フィンランド語、エストニア語なども含まれています。

ルーマニアは、「Romania」と表記され、「ローマ人の土地」という意味を表します。ルーマニア語はイタリア語と同じ**ラテン系**の言語であるため、ルーマニア人はラテン人として扱われます。

ラトビア人、リトアニア人が話す言語は、**バルト系**言語であるため、バルト人と呼ばれます。

かつてユーゴスラビアを形成していた国々は、民族や言語、宗教、文字などさまざまなものが異なっていたため、たびたび分裂の危機がありました。ユーゴスラビア国内の民族をひとつにまとめていたチトー大統領（当時）がいなくなったことをきっかけに、その後のユーゴスラビアは統制がとれなくなり、1992年に解体されました。

コレだけはおさえておこう！

・第二次世界大戦後、世界は資本主義と ① の対立による緊張状態が続いた。

・東ヨーロッパ諸国に住む人々の多くが ② 系言語を話す。

答え　①社会主義　②スラブ

PART **3** 世界の諸地域

31 世界で面積が1位の国は？

——ロシアとその周辺諸国

ここが大切！

❶ ロシアの国土面積は世界最大！

❷ カスピ海の西側と東側に分けて、国を見てみよう！

1 ロシアの国土面積は世界最大

ロシアは国土面積が世界最大の国で、その大きさは**日本の約45倍**です。**ウラル山脈**より東側は**シベリア**、西側はヨーロッパロシアと呼ばれています。

ロシアの西端は東経30度付近、東端は西経170度付近ですので、経度差が160度もあります。また、国土のほとんどが**北緯50度よりも北側**に位置していて、非常に寒冷な気候の国です。

ウラル山脈は東経60度に沿って

[ロシアとその周辺の自然]

「ディルケ世界地図」2008年版）

縦断しています。これより東側のシベリアでは、南側に険しい山脈が横断していることもあり、全体的に北極海に向かってなだらかに低くなっています。オビ川周辺は低地が広がり、ここには油田があるため原油の採掘がさかんです。エニセイ川とレナ川に挟まれて広がっているのが**中央シベリア高原**で、高原から流れてくる河川を利用して水力発電が行われています。レナ川より東側は極東ロシアと呼ばれ、山がちでところどころ火山がみられます。

ウラル山脈より西側は**東ヨーロッパ平原**が広がり、長い年月をかけて侵食されて平坦な地形になっています。ここはヨーロッパと近い距離にあることから、経済が発達し、多くのロシア人が暮らしています。

ロシアの人口は、約1億4000万人（2017年）で、その多くがロシア語（スラブ系言語）を話します。多くの人々が**キリスト教の東方正教会**を信仰しています。

ロシアの経済を支えているのは？

ソビエト連邦が解体されると、ロシアは自由な経済のしくみへと転換が進みます。

南西部の豊かな土地（チェルノーゼム）が広がる地域では小麦の生産がさかんで、生産された小麦の多くが輸出されています。国土の大部分にタイガ（針葉樹の純林地帯）が広がっていて、林業も発達しています。

ロシアのもうひとつの特徴は、世界最大級の原油の産出を誇る国だということです。国内で多くの石油を消費しながら、輸出量はサウジアラビアに次いで多くなっています。

近年は、日本との経済的結びつきも深まっています。とくに魚介類や木材、原油が、ロシアから輸出されています。日本からは、自動車や機械類などが輸出されています。

② カスピ海の西側と東側に分けて、国を見てみよう

かつて、ソビエト連邦を構成していた12カ国（エストニア、ラトビア、リトアニアのバルト三国を除く）を、地図上でカスピ海の西側と東側に分けてみると、東側には**イスラム教徒**の国が多いことがわかります。ここには、トルコ系やペルシア系の人たちが暮らしていることから、ロシアとは価値観や生活様式が異なることがわかります。

このあたりは内陸に位置していることか

[**ロシアとその周辺地域の主な宗教**]

ら、夏に海から吹いてくる湿った南東モンスーン（季節風）の影響をほとんど受けません。そのため年降水量が非常に少なく、**乾燥気候**が展開するため、この地域では、**かんがい**を行うことで農業を行ってきました。とくにアムダリア川の水を利用した綿花栽培が知られています。しかし、これによってアムダリア川からアラル海に流れ込む水量が減少し、アラル海は急激に面積が縮小してしまいました。

コレだけはおさえておこう！

・ロシアは、日本の約 ① 倍の国土面積を有する。

・ロシアでは、 ② 山脈より東側はシベリア、西側はヨーロッパロシアに区分される。

・カスピ海より東側に位置する国では、 ③ 教を信仰する人々が多い。

答え ①45 ②ウラル ③イスラム

PART 3

世界の諸地域

32 地形も気候も デコボコだらけ？
——北アメリカの自然環境

ここが大切！

❶ 北アメリカ大陸にはかつて氷河におおわれた地域がある！

❷ 高い山脈が北アメリカ大陸を南北に縦断している！

---

1 北アメリカ大陸にはかつて氷河におおわれた地域がある

広大な北アメリカ大陸の中で、**北緯40度より北側はかつて氷河が存在していた地域**です。そのため、氷河に侵食されてできたくぼ地に水が溜まり、五大湖（ごだいこ）をはじめとして、いたるところに氷河湖が存在しています。氷河の重みで地盤が沈下し、そこに海水が浸入してできたのが、今のハドソン湾です。

右の気候区分を見ると、北緯40度より高緯度側には**亜寒帯（冷帯）**が見られ、さらにカナダ北部の北極海沿岸は**寒帯**が広がっていることがわかります。

北アメリカ大陸では、**熱帯や乾燥帯、温帯**も展開します。

[北アメリカの気候区分]

（W. P. ケッペン原図〈1923 年発表〉ほか）

たとえばフロリダ半島の南部、中央アメリカのユカタン半島、カリブ海諸国では熱帯が広がり、マリンリゾートが発達して観光業がさかんな地域でもあります。

アメリカ合衆国では、**西経100度**付近で気候が変わります。東側の大西洋沿岸からメキシコ湾沿岸にかけては**温暖湿潤気候**（しつじゅん）が展開し、年降水量が多い気候です。しかし西側は大西洋からの湿った空気が届かないこと、太平洋からの湿った空気がロッキー山脈にさえぎられることから、乾燥気候が展開します。太平洋岸は夏に降水量が少ない温帯気候である**地中海性気候**が広がり、果樹の栽培が行われています。

五大湖周辺の酪農地帯

五大湖周辺では、酪農がさかんに行われています。酪農は、チーズやバター、ヨーグルトなどの乳製品を作って売る農業のことです。高い鮮度を保つため、大市場の近くで行う近郊農業の性格を持っています。

五大湖周辺にはシカゴ、デトロイトなどの大都市をはじめ、メガロポリス（大都市が連なる巨大な人口密集地域）があります。

かつての氷河の侵食によって穀物の栽培に向かないこと、ヨーロッパ系の移民が酪農を伝えたことなども、五大湖周辺での酪農の発展につながっています。

②　高い山脈が北アメリカ大陸を南北に縦断している

北アメリカ大陸は、西部と東部にそれぞれ山脈が縦断しています。

西部は**環太平洋造山帯**（97ページの<ひとことポイント!>参照）に属する地域で、ロッキー山脈、アラスカ山脈、カスケード山脈、海岸山脈が知られています。ここからメキシコへとつながり、東シエラマドレ山脈、西シエラマドレ山脈が見られます。そのためメキシコは、両山脈に挟まれた高原状の土地が広がります。

カナダでは**ロッキー山脈**によって沖合からの暖気がさえぎられて、広い範囲で寒冷な地域が展開します。アメリカ合衆国ではロッキー山脈に

[**北アメリカの自然**]

よって沖合からの湿った空気がさえぎられ、東側では乾燥した地域が広がります。さらに東部には、**アパラチア山脈**が縦断しています。周辺は石炭の産出が多く、五大湖周辺でとれる鉄鉱石とともに、古くから重工業の資源として重宝されてきました。

コレだけはおさえておこう！

・北アメリカ大陸の北緯 ① 度より高緯度側は、かつて大陸氷河の影響を受けていた。

・アメリカ合衆国では西経 ② 度付近を境に、降水量に変化が見られる。

・アメリカ合衆国の西部は ③ 山脈、東部は ④ 山脈がそれぞれ縦断する。

33 世界をリードする先端技術！
——アメリカ合衆国の工業

1 豊かな資源をもとに重工業が発展した

アメリカ合衆国は、石炭や鉄鉱石、石油などの鉱産資源が多く産出されます。これらの鉱産資源をもとに、水上交通の便がいい**大西洋岸から五大湖周辺**で工業がさかんになりました。とくに発展したのが、**ピッツバーグとデトロイト**です。

[**アメリカ合衆国の鉱工業**]

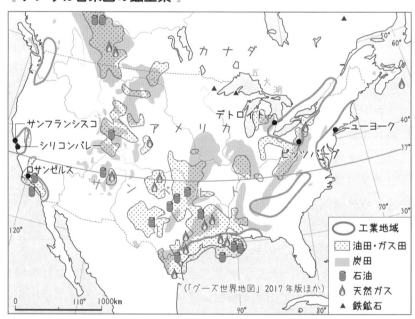

（「グーズ世界地図」2017 年版ほか）

◯	工業地域
▨	油田・ガス田
▨	炭田
🛢	石油
🛢	天然ガス
▲	鉄鉱石

ピッツバーグでは、19世紀以降に鉱産資源によって鉄鋼が大量に生産され、五大湖の水上交通を活かして世界各国に鉄鋼を輸出し、鉄鋼業が発展しました。

デトロイトでは、20世紀以降に**流れ作業を含んだ大量生産方式**による自動車生産がさかんになり、**自動車工業**が発展しました。自動車の大量生産方式のしくみは、世界各国に広がりました。

アメリカ合衆国の サンベルト

アメリカ合衆国の北緯37度付近から南側の地域は、サンベルトと呼ばれています。サンベルトでは、情報技術（IT）産業が発達していて、シリコンバレー、シリコンプレーンといった先端技術産業の集積地が有名です。

サンベルトの成長は、1970年代にはじまりました。

この理由として、南部地域は北部地域に比べて賃金水準が低いこと、労働組合の組織率が低いこと、広大な土地を安く購入できることなどがあります。

また1970年代の２度のオイルショックで燃料費が高騰したことで、省エネルギーを模索した企業が、温暖な南部地域に工場を建てるようになったことも、理由のひとつです。

② 重工業から新しい工業へ変化した

20世紀後半になると、日本や西ドイツ（当時）が敗戦から立ち直り、復興を遂げました。そこで、鉄鋼や自動車といった、**安くて品質のよい工業製品が世界へ輸出される**ようになっていったのです。

これに対してアメリカ合衆国は国際的な競争力を失っていき、重工業は衰えていきました。さらに、1973年の第一次オイルショックをきっかけに、アメリカ合衆国の産業に変化が見られるようになりました。コンピューターやインターネット関連業、航空宇宙産業、バイオテクノロジーなど、**情報技術（IT）産業や先端技術産業**に力を入れるようになり、関連の研究所や工場が次々と作られました。

これらの工業の中心地となったのが、北緯37度よりも南の温暖な地域である**サンベルト**と呼ばれる地域です。その中でも、とくにサンフランシスコの郊外にある**シリコンバレー**には、情報技術産業や、先端技術産業に関連する会社や大学の研究施設が多く集まっています。アメリカ合衆国では、1950年代半ばから、経済活動の中心が「サービスの提供」へ移行しました。これによって「知的労働」と呼ばれる専門職や技術職の役割が大きくなりました。こうした経済的な土壌を背景に、1970年代以降、とくに**南部地域での先端技術産業の発展**に繋がっていきました。

✏ コレだけはおさえておこう！

・アメリカ合衆国では、石炭や鉄鉱石などの豊かな鉱産資源をもとに ① 工業が発展した。

・20世紀にデトロイトでさかんになった ② の大量生産方式のしくみは、世界に広がっていった。

・20世紀後半には、情報技術産業や ③ 産業が発展した。それらの産業にかかわる会社が多く集まる北緯37度付近から南側の地域は、 ④ と呼ばれている。

答え　①重　②自動車　③先端技術　④サンベルト

34 USMCAでつながる3カ国

——北アメリカ諸国

ここが大切！

① USMCA は、アメリカ、カナダ、メキシコの自由貿易協定！

② カナダは資源を、メキシコは工業製品を輸出！

1 USMCAは、アメリカ、カナダ、メキシコの自由貿易協定

　NAFTA と　は、North American Free Trade Agreement の略で、**北米自由貿易協定**といいます。これはアメリカ合衆国とカナダ、メキシコの3か国が、貿易の促進を目指して、貿易のさいにかかる関税や関税以外のルールを撤廃して、財やサービスの流通を自由化させた取り決めです。3か国の人口を合計すると約4.9億人（2019年）で、EU（ヨーロッパ連合）の人口の約4.4億人を上回る世界屈指の経済圏です。

　貿易に関税がかからないことから、アメリカ企業はメキシコのリオグランデ川

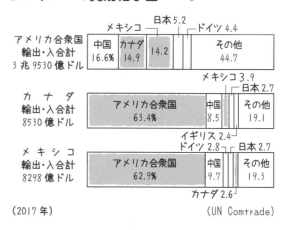

アメリカ合衆国・カナダ・メキシコの貿易相手国

（2017年）　　　　　　　　　　　　　　（UN Comtrade）

沿いに工場を建てて、そこで生産したものをアメリカ合衆国に輸出するようになりました。こうしてメキシコでは多くの工場が建設され、また雇用が増えましたが、逆にアメリカ合衆国から雇用が減ってしまいました。これは多国籍企業の利益にはなりますが、アメリカ国内の労働者の利益とはならないのです。トランプ大統領（当時）は通商政策によってアメリカ国内の雇用を守ろうとする考えを持っていました。そこで新たに結ばれたのが **USMCA 協定**です。これはアメリカ（US）・メキシコ（M）・カナダ（CA）の頭文字から名づけられました。

　特に自動車産業での変更点が大きく、二国間貿易の関税をゼロにする条件をこれまで以上に厳しくしました。また鉄鋼やアルミなどの材料を、これまで以上に北アメリカ地域から調達することなども求められました。域内の貿易や投資の拡大に繋がるような自由貿易協定というよりは、どちらかというと **「アメリカ・ファースト」を実現するためのもの**といえるかもしれません。

メキシコの自動車生産

NAFTAが結成されると、3つの理由によってメキシコへの自動車会社の工場進出が増えました。

1つめは、メキシコの賃金水準が低いこと。メキシコの賃金水準は最近25年間、横ばいで推移しています。

2つめは、アメリカ合衆国から近くて地続きだということ。同じNAFTA加盟のカナダと違って、南北アメリカ大陸の中央部に位置していることから、アメリカ合衆国だけでな

く、中央・南アメリカの国へも輸出できます。

3つめは、メキシコがEUを含めて、45カ国以上とFTA（自由貿易協定）を結んでいること。

日本の自動車企業を例に挙げると、日本で作ってアメリカ合衆国へ輸出すると関税がかかってしまいますが、メキシコで作ってアメリカ合衆国へ輸出すると関税がかからないということです。さらには、メキシコの約1億2893万人（2020年）という人口も、市場として魅力的なため、工場の増加につながりました。

②カナダは資源を、メキシコは工業製品を輸出

カナダは、世界第2位の国土面積を誇り、国内のあらゆるところで鉱産資源がとれます。ラブラドル高原付近では鉄鉱石、ロッキー山脈周辺では**原油や天然ガス、石炭**、他にも金やニッケル、ウランなどを産出します。また国内人口が約3774万人（2020年）とそれほど多くはありません。そのためこれらの**鉱産資源を国内で使わず、多くを輸出にあてられる**のです。

カナダの輸出品目を見ると、原油、金、天然ガス、木材などの資源が目立ちます。工業製品の輸出額が多くを占める先進国の中では珍しい国といえます。カナダの森林面積は日本の国土面積の10倍ほどの大きさで、森林資源が豊富です。そのため木材は、アメリカ合衆国や日本への輸出がさかんに行われています。他にもアメリカ企業の工場進出によって、アメリカ合衆国向けの工業製品の輸出も見られます。

一方のメキシコは、工業製品の輸出がさかんです。機械類や自動車、精密機械などが輸出の中心を占めています。これもアメリカ企業の工場進出によるものです。また、農産物の輸出もさかんで、とくにメキシコ北部では野菜や果樹などの大規模栽培が見られます。メキシコは一年中温かく、日本にカボチャを輸出する国としても知られています。

コレだけはおさえておこう！

・アメリカ合衆国、カナダ、メキシコの3カ国で創設した自由貿易協定の略称をアルファベットで　①　という。

・世界各地に支社や子会社、工場、販売店を設立することで、世界市場を相手に経済活動をする企業のことを　②　企業という。

・カナダは鉱産資源の輸出がさかんで、とくに　③　、金、天然ガス、木材などが多い。

PART **3**

世界の諸地域

答え ①NAFTA ②多国籍 ③原油

35 自由と多文化主義とヒスパニック？
——北アメリカの生活と文化

ここが大切！

❶ **アメリカ合衆国は移民が作った国！**

❷ **世界中に広がるアメリカ文化！**

1 アメリカ合衆国は移民が作った国

アメリカ合衆国は、移民が作った国です。17世紀初頭に、信仰の自由を求めてイギリスから移民がやってきました。**イギリス人**が最初にやってきた地域はニューイングランド地方と名づけられ、のちに東部の13州がイギリスから独立します。その後、**フランスやスペイン**、アイルランド、ドイツからも移民がやってきました。

アメリカ合衆国は、1776年に独立を宣言してからも領土が拡大され、現在では50州からなります。右の国旗を見ると、星印が50個、赤と白のラインが13本あります。ここに、アメリカ合衆国の歴史が詰まっているのです。

イギリスからの移民は、プロテスタント系のキリスト教を信仰する人が多く、政治や経済における上流階級を築いていきました。また、広大な国土を開発していくときの労働力として、アフリカから多くの奴隷が連れてこられました。現在、アメリカ合衆国におけるアフリカ系の人々は約13％を占めており、南東部地域を中心に生活しています。

第二次世界大戦までは、アメリカ合衆国の移民はヨーロッパからの白人が中心でした。しかし大戦後、スペイン語圏からの移民も増えました。彼らは**ヒスパニック**と呼ばれ、現在はアメリカ合衆国の18.5％（2019年）を占めています。とくにメキシコからのヒスパ

[**州別に見たアメリカの人口構成**]

[**アメリカ合衆国の国旗**]

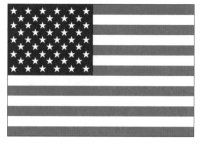

アメリカで注目される日本の食事

かつて、アメリカ合衆国に進出した日本企業で働く従業員や、日本人旅行者向けの日本食レストランが見られました。しかし近年では、アメリカ人の間でも日本食が人気です。

アメリカ合衆国の財政を圧迫していた医療費を削減するために健康志向が高まり、日本食に注目が集まったのです。素材の味を活か

し、余計な味つけをしない日本食は、健康にいいと考えられています。

アメリカ合衆国の料理は、肉や魚、パンを中心としてカロリーの高いものが多くあります。コーヒーにも、砂糖やミルクを大量に入れて飲みます。砂糖もミルクも使わない日本茶が注目されているのはそのためです。

他にも、すし屋の数が増え、日本産の地酒も好まれるようになりました。

ニックが多く、メキシコに近いカリフォルニア州からテキサス州に多く住んでいます。

また、1970年代以降になると**アジア**からの移民も増えていきました。アジア系の人たちの多くは、ワシントン州やカリフォルニア州などの太平洋岸やハワイ州などで生活しています。

② 世界中に広がるアメリカ文化

アメリカ合衆国で生まれ、世界中に広まった文化は数多くあります。

ジーンズ、スニーカーといったファッションに関するものや、ハンバーガーや炭酸飲料など飲食に関するものなどが知られています。他にも、大型駐車場を設けたスーパーマーケットやショッピングセンター、通信販売やインターネットショッピング、クレジットカードでの買い物など、アメリカ人の生活様式は世界中に広まりました。プロスポーツ、ハリウッド映画、音楽、ディズニーランドのようなテーマパークなども生まれ、世界中に発信されています。

アメリカ合衆国を作った移民たちには、出身国の伝統にとらわれず、自由な発想を持って挑戦するという開拓者精神（フロンティアスピリット）を持つ人が多くいるのです。

一方で、アメリカ合衆国で生まれた**大量生産、大量消費の生活様式**を見直し、限りある資源を大切にしようとする考えかたも生まれています。

✎ コレだけはおさえておこう！

・アメリカ合衆国の移民は、かつてはヨーロッパ系白人が中心であったが、第二次世界大戦後は　①　が、1970年代以降は　②　系が増加している。

・ファッションや食文化の広がりにより大量生産、　③　の生活様式が浸透したが、限りある資源を大切にする動きも見られるようになった。

36 南北に大きな山、東西に大きな川！
——南アメリカの自然環境

ここが大切！

❶ 南アメリカ大陸には、新しい山地と古い地形が広がる！

❷ 南アメリカ大陸は、熱帯気候の割合が全大陸中で最大！

1 南アメリカ大陸には、新しい山地と古い地形が広がる

　南アメリカ大陸の西部には、**アンデス山脈が南北に約7500km以上連**なっていて、ところどころに火山があります。

　アンデス山脈が属する**環太平洋造山帯**は、46億年の地球の歴史では比較的新しい時代に形成されました。そのため、雨や川、風、氷河などによって土地が削られた時間が短く、起伏が大きい山地が見られます。

　東部には、長い年月をかけて削られてできた平坦な土地が広がります。北部には**ギアナ高地**、南部には**ブラジル高原**があります。この２つはもともと地続きの土地でしたが、間を流れる**アマゾン川**によって分断されたと考えられていて、両地域では鉄

[南アメリカ大陸と自然]

鉱石やボーキサイトなど、産出される鉱産資源が似ています。

　アマゾン川周辺は盆地状になっていて、河口から約1500kmもさかのぼったマナオスという都市でも標高は90m程度しかありません。アマゾン盆地は赤道直下にあり、熱帯林が生い茂る地域となっています。このあたりではもともと、先住民が漁業や**焼畑農業**をして生活していました。焼畑農業とは、森林を焼き払った後の灰（草木灰）を肥料にして作物を栽培し、土地がやせる前に次の場所に移動する農業です。

ブラジルの大豆栽培

ブラジルは、アメリカ合衆国の次に大豆の生産量が多い国です。大豆は食用だけでなく、飼料用としても重宝されます。ブラジルの人口は約2億人ですので、国内の大豆需要が大きいことが考えられます。しかし、近年では中国に輸出するために大豆の生産が拡大しています。

中国では、近年の経済成長によって食用や採油用、飼料用としての需要が高まり、また国内産大豆では需要を満たすことができないため、ブラジルからの輸入量が増えました。しかし、大豆の栽培地を拡大するために、熱帯林が破壊されるなど、負の側面も見え隠れしています。

アルゼンチンの南部には**パタゴニア地方**と呼ばれる地域が広がります。ここはアンデス山脈の風下側に位置して、山脈から吹き下ろしてくる乾いた風の影響で乾燥しています。

② 南アメリカ大陸は、熱帯気候の割合が全大陸中で最大

南アメリカ大陸は、およそ**北緯12度から南緯56度**まで南北に広く展開しています。また、太陽が真上に位置する地域の最も南に位置する南回帰線（南緯23度26分）が大陸のほぼ真ん中を横断するため、熱帯気候が広い範囲で展開します。**南アメリカ大陸の熱帯気候はおよそ6割**と、すべての大陸の中で最も高い割合です。

ラプラタ川流域や大陸南西部では、**温帯気候**が広がります。ラプラタ川の下流域に広がるパンパと呼ばれる草原では、小麦の大規模栽培、肉牛の飼育などが営まれています。大陸南西部の温帯は北から**地中海性気候**、**西岸海洋性気候**が続きます。

[**リマで見られる乾燥気候**]

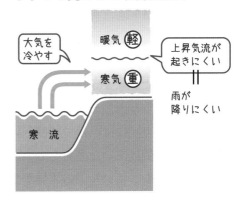

ペルーの首都リマは、年降水量が少ない都市です。上の図のように、沖合を流れるペルー海流が寒流であるため、周辺の気温が下がり、雨が降りにくい気候なのです。大陸の最南端には、**寒帯気候**が広がります。これは緯度が高いこと、周辺の海域を寒流が流れていることが原因です。

✎ コレだけはおさえておこう！

・南アメリカ大陸西部には、［　①　］山脈が南北約7000kmを超えて縦断する。

・南アメリカ大陸東部には、かつて地続きだったギアナ高地と［　②　］高原がある。

・南アメリカ大陸は、すべての大陸中、最も［　③　］帯気候の割合が高い。

37 ブラジルだけ言語が違うのはなぜ？
——南アメリカの歴史と文化

ここが大切！

❶ ブラジルだけポルトガル語が公用語！

❷ ブラジルはコーヒー豆のモノカルチャー経済の国だった！

1 ブラジルだけポルトガル語が公用語

ブラジルは、南アメリカ大陸の国々の中で、人口、面積ともに最も大きい国で、約2億人が暮らしています。ブラジルに住む人のほとんどが、日常生活で**ポルトガル語**を使っています。

アジアやアフリカ、ラテンアメリカ（中央・南アメリカ）には、かつて欧米諸国の植民地支配を受けていた歴史をもつ国が多く、当時支配をしていた国の言語が公用語となっていることがあります。

もともと「ラテンアメリカ」という名称は、スペイン語とポルトガル語、フランス語などの**ラテン系言語**を公用語とする国に植民地支配されたことに由来します。

ラテンアメリカは、スペインに植民地支配されていたときの影響で、スペイン語を

[植民地支配されていた頃の 南アメリカ諸国]

旧スペイン領
旧ポルトガル領
旧イギリス領
旧オランダ領

公用語とし、またキリスト教のカトリックを信仰する人々が多くいます。**しかしブラジルだけは、ポルトガルの植民地支配を受けていました。**そのためブラジルではポルトガル語が公用語となっているのです。

ポルトガルがキリスト教のカトリックを信仰している影響で、ブラジル人の多くが**カトリック**を信仰しています。世界的に有名なリオデジャネイロのカーニバルは、もとはキリスト教の宗教行事でしたが、ブラジルで独自の発展をした文化です。

かつてポルトガルが植民地支配をしていた国は、ブラジルだけでなくアンゴラ、モザン

ひとことポイント！

さとうきびから燃料ができる!?

ブラジルではバイオエタノールの開発が進められてきました。とうもろこしを主原料にしているアメリカ合衆国とは異なり、ブラジルではさとうきびからバイオエタノールを生産しています。生産されたバイオエタノールは自動車の燃料として利用されます。

ブラジルのバイオエタノールは、政府が生産を奨励していました。さらに近年の経済成長に合わせて、自動車の台数が増え、燃料の需要が高まりました。それにともない、バイオエタノールの原料となるさとうきびの生産量は2000年以降、2倍以上に増加しました。

ビーク、カーボベルデ、ギニアビサウ、東ティモールなどがあります。これらの国でも公用語をポルトガル語にしていますが、ポルトガルを加えても、世界で最もポルトガル語を話す人が多い国は、人口が約2億人のブラジルなのです。

② ブラジルはコーヒー豆のモノカルチャー経済の国だった

ブラジルは約2億人が暮らす人口大国です。ヨーロッパ系白人が人口の約半数ですが、アフリカ系や混血の人もいて、典型的な多民族社会を構成しています。

ブラジルの経済は、コーヒー豆の生産とともにありました。ブラジルでは1830年代から、南部のサンパウロ州とパラナ州でコーヒー豆の生産が行われました。1970年のブラジルの最大輸出品はコーヒー豆で、典型的なモノカルチャー経済の国でしたが、**コーヒー豆に依存したモノカルチャー経済からの脱却をはかり、鉱工業の発展をめざしました。**

1960年には内陸部の開発拠点でもあったブラジリアに首都を移転し、アマゾン川流域の開発を進めました。熱帯林は農耕地や牧場に変えられました。豊富な森林資源からパルプ材を生産し、鉄鉱石やボーキサイトの採掘、アルミニウムの精錬などが進められて、ブラジルは工業国へと成長していきます。しかしブラジルの急激な開発は、かえって国の経済を不安定にさせ、アマゾン川流域の自然環境を大きく変えてしまいました。

現在は、自動車や中型航空機の製造も行われています。かつてコーヒー豆のモノカルチャー経済の国だったブラジルは、BRICS（2000年代以降に急激な経済発展を遂げた国の総称）のひとつとされるほど、工業発展を果たしたのです。

PART 3
世界の諸地域

コレだけはおさえておこう！

・ブラジルは南アメリカ大陸の中で唯一　①　語を公用語とする国である。

・南アメリカの国々の人々は、キリスト教の　②　を信仰する人たちが多い。

・ブラジルは、かつては　③　のモノカルチャー経済の国であった。

答え ①ポルトガル　②カトリック　③コーヒー豆

38 先住民、白人、黒人が暮らす人種のるつぼ！
──南アメリカ諸国

ここが大切！

❶ 南アメリカは「人種のるつぼ」！
❷ 資源に恵まれた国が多い！

1 南アメリカは「人種のるつぼ」

南アメリカの国々は、多種多様な人種が暮らしているため「**人種のるつぼ**」と呼ばれています。

かつて、ペルーやボリビアなど標高の高いところでは、インカ文明が発達しました。そのため両国には、今でも**先住民**が多く生活しています。

その後、スペインやポルトガルの**植民地支配**を受けたことにより、ヨーロッパ系白人が移り住んできました。

大西洋に面した平坦な地域では、白人たちが地主となって、先住民やアフリカから奴隷として連れてきた人たちと農業を発展させました。とくに、ブラジルやアルゼンチン、ウルグアイでは、国民に占める白人の割合が高くなっています。しかし

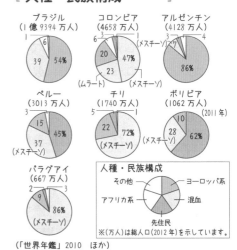

［南アメリカの主な国の人種・民族構成］

ブラジル
(1億9394万人)
1 / 6 / 39 / 54%

コロンビア
(4658万人)
6 / 3 / 1 / 20 / 47% / 23 (ムラート) / (メスチーソ)

アルゼンチン
(4128万人)
3 / 4 / 86%（メスチーソ）

ペルー
(3013万人)
3 / 15 / 45% / 37（メスチーソ）

チリ
(1740万人)
5 / 1 / 22 / 72%（メスチーソ）

ボリビア
(1062万人)
(2011年)
10 / 28 / 62%（メスチーソ）

パラグアイ
(667万人)
2 / 3 / 9 / 86%（メスチーソ）

人種・民族構成
その他 ／ ヨーロッパ系
アフリカ系 ／ 混血
先住民
※（万人）は総人口(2012年)を示しています。

「世界年鑑」2010 ほか

ブラジルなどでは、かつての奴隷の子孫であるアフリカ系の人々も生活しています。

先住民と白人の混血のことを**メスチソ**と呼びます。ブラジルやアルゼンチン、ウルグアイを除いて、多くの国ではメスチソの割合が高くなっています。スペインやポルトガルからの移民だけでなく、19世紀の終わりにはドイツやイタリアから、20世紀になると日本からも、農業をするために移民が増えました。

現在の南アメリカ社会においては、少なからず人種差別はあるものの、ヨーロッパ系、アフリカ系、アジア系などの多くの人種や民族が共存しています。

日本で働くブラジル人

　現在のブラジルには、日系人が約190万人生活しているといわれています。これは、かつて日本から農業移民として渡った人たちの子孫です。

　とくに20世紀に入ってから、多くの日本人がブラジルへ渡りました。1970年代、ブラジルでは豊富な鉱産資源を背景に好景気が続きました。しかし徐々に、通貨の流通量に対して物の流通量が不足して起こるインフレーションが進み、景気が悪化しました。

　一方の日本は、1980年代後半からバブル経済期を迎え、労働力不足を補うために法律を改正して、3世までの日系人とその家族を労働者として受け入れることとなりました。このため、職を求めた日系ブラジル人たちが多く来日するようになったのです。彼らはバブル崩壊後に低迷した日本経済を下支えしました。また、彼らが本国へ送るお金は、ブラジル経済を押し上げました。

　日系ブラジル人は、製造業が発達している、静岡県、愛知県、岐阜県、三重県に多く住んでいます。

② 資源に恵まれた国が多い

　南アメリカには、資源に恵まれた国が多くあります。ブラジルでは鉄鉱石やボーキサイト、ベネズエラやコロンビアでは原油、ペルーやチリでは銅、ボリビアでは天然ガスなどが有名です。

　日本や欧米の国々と比べると、工業の発展途上にあることから、鉱産資源や農産物の輸出が中心となっています。南アメリカでは、**こうした一次産品に依存したモノカルチャー経済が中心でしたが、近年は工業化が進んでいます。**

　国際的な需要が高まると、一次産品も高く売ることができますが、その逆も考えられます。資源採掘業や農業の人たちは、国際的な需要によって収入が左右されるのです。これがモノカルチャー経済の弱点でもあります。国を挙げて**脱モノカルチャー**を進めるようになってきたことが、近年の工業化の背景にあるのです。

[**ベネズエラとチリの輸出品**]

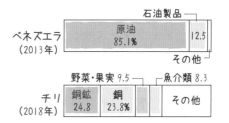

（2020/21 年版「世界国勢図会」）

コレだけはおさえておこう！

・南アメリカの国々では混血が進んでいて、先住民と白人の混血を　①　という。

・ペルーや　②　には、インカ文明からの先住民が多く生活している。

・南アメリカの国々では、脱　③　を掲げて、工業化を進めている。

答え ①メスチソ　②ボリビア　③モノカルチャー

39 「小さい島々」「黒い島々」「多くの島々」って？
──オセアニアの自然環境

> **ここが大切！**
>
> ❶ オセアニアは４つの地域に区分される！
> ❷ ハワイ島は「世界最大」のホットスポット！

1 オセアニアは４つの地域に区分される

オセアニア（Oceania）は「Ocean（大洋）」に、地名をつけるときの接尾辞「ia」がつながってできた言葉です。

オーストラリア大陸と、その他の太平洋の島々（ミクロネシア、メラネシア、ポリネシア）をまとめてオセアニアといいます。 オセアニアの範囲は地球の約３分の１を占めますが、陸地の総面積は地球全体の6.5％ほどで、総人口はオーストラリアの約2552万人を筆頭に、4300万人程度（世界人口の0.5％ほど）です。

[**オセアニアの4つの地域**]

ミクロネシア、メラネシア、ポリネシアの「ネシア」という言葉はギリシャ語で「島々」を表し、ミクロネシアは「小さい島々」、メラネシアは「黒い島々」、ポリネシアは「多くの島々」という意味があります。これらの島々の多くが、**海底から吹き出した火山の山頂付近が海面上に出ることで島となった**ものです。また、暖流の赤道海流があることでサンゴ礁が発達する島も多く、観光業がさかんです。

かつてイギリスの**植民地**だったオーストラリアでは、イギリスからの**移民**により開拓が進められました。オーストラリアの先住民は**アボリジニ**といい、現在のオーストラリア国民の約３％を占めています。

オーストラリアは、一年の降水量が500mm未満の地域が大陸のおよそ６割を占めます。内陸のほとんどが乾燥した草原（ステップ）や**砂漠**になっているため、比較的降水量が多い南東部や南西部に人口が集まっています。

サンゴ礁はどこで見られる？

サンゴ礁は、世界中どこででも見られるわけではありません。サンゴ礁は、温かくて浅く、きれいな海にしか生息しないサンゴが、長い時間をかけて積み重なって作られます。赤道付近では、暖流が西に向かって流れるため、大洋の西側にサンゴ礁が見られます。

サンゴ礁は中央の陸が沈んだり、海面が上昇することで、サンゴ礁と陸との間にラグーンと呼ばれる水域を形成します。

[さまざまなサンゴ礁]

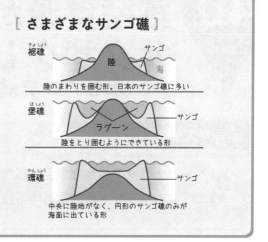

ニュージーランドは全域で**西岸海洋性気候**が広がり、一年を通して適度な雨が降ります。太平洋の島々は、雨の多い**熱帯気候**に属しますが、海からの風が湿気をやわらげ、過ごしやすい気候です。

② ハワイ島は「世界最大」のホットスポット

ホットスポットとは、ある狭い場所に固定されたマグマが噴き出す場所のことで、このマグマによってできた火山の山頂付近が海面上に出て、島となります。ハワイ島は世界最大のホットスポットです。

地球は、いくつかのプレート（硬い板状の岩盤）の集合体におおわれています。そのプレートが動くことによって陸地が動き、地震や火山活動が見られます。ホットス

[ホットスポットで島ができるしくみ]

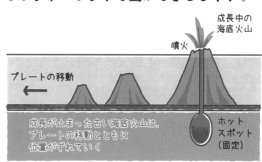

ポットの場所は固定されていますが、プレートは動き続けるため、ホットスポットでできた島はプレートの動く方向に沿って移動します。島が移動した後、ホットスポットではまた新たに島が形成されます。これを繰り返し、ホットスポットを起点として列状に島が並びます。ハワイ島から北西方向に島が並んでいるのは、そのためです。

✏️ コレだけはおさえておこう！

・オセアニアは、一般的にオーストラリア、ミクロネシア、 ① 、ポリネシアに区分される。

・ある狭い場所に固定されてマグマが噴き出す場所のことを ② といい、世界最大のものとして、 ③ 島が知られている。

40 鉱産資源が ザクザクとれる！
——オセアニア諸国

ここが大切！

❶ オーストラリアの輸出品目は鉱産資源！

❷ ニュージーランドの産業の中心は酪農！

---

1 オーストラリアの輸出品目は鉱産資源

オーストラリアは鉱産資源に恵まれた国です。北西部では鉄鉱石、東部では石炭、北部ではボーキサイトが採掘されます。

オーストラリアの輸出品目は、鉄鉱石、石炭、液化天然ガス、金、原油、銅といった鉱産資源が中心です。とくに鉄鉱石と石炭は、日本の最大の輸入相手国となっています。

オーストラリアの鉱山や炭鉱は、地表を削って掘り下げていく**露天掘り**で採掘されています。

オーストラリアは国内人口が約2552万人（2019年）と少なく、これらの鉱産資源の国内需要は大きくありません。さらに、**国土の約6割が乾燥気候**であるため、**気候が湿潤な南東部や南西部に人口が集中しています**。そのため、国内で採掘された鉱産資源を大都市へ運ぶときに、かなりの長距離になり、輸送にお金がかかりすぎてしまいます。そこで、鉱産資源を国内では活用せず、**日本や中国のような鉱産資源の需要が大きい国へ輸出する**ことで外貨を得ているのです。

こうした背景から、オーストラリアでは他国の企業と協力しながら鉱産資源の開発を進めてきました。とくに北西部の鉄山は**ピルバラ地区**と呼ばれていて、日本の企業の協力によって鉄道の建設、鉱山で働く人たちの生活環境を整えるなどの投資が行われてきました。日本としては資源開発が進み、日本国内で必要な鉱産資源の供給ができるというメリットがあり、一方のオーストラリアでは雇用が生まれ、輸出が伸びるという利点があります。

[**オーストラリアの鉱工業**]

（「ディルケ世界地図」2015年版ほか）

○主な工業都市

製油	石油	ウラン			
鉄鉱石	天然ガス	ボーキサイト			
石炭	金	パイプライン			

白豪主義で移民を制限!?

1850年代、オーストラリアで大規模な金鉱が見つかったことで、多くの移民がオーストラリアに渡り、1850年に40万人だった人口は1880年には220万人にまで増えました。しかし、仕事を奪われることを恐れたオーストラリア人たちは、移民制限法を制定し、白人だけのオーストラリアを作ろうとしました。この考えが白豪主義です。

第二次世界大戦後も白豪主義は続けられましたが、1973年にイギリスがヨーロッパ共同体（EC）に加盟したことでイギリスとの関係性が弱くなりました。そこでオーストラリアは白豪主義を撤廃し、ベトナム難民の受け入れをはじめ、それ以降はアジアからの移民が増えていきます。

現在、オーストラリアは「多文化社会」を国の方針として掲げ、多様な文化を認めあう国になりました。

② ニュージーランドの産業の中心は酪農

ニュージーランドは、**酪農がさかんな国**です。

ニュージーランドは北と南で陸地が分かれていますが、酪農は北島で広く行われています。南島は、サザンアルプス山脈という高く険しい山脈が縦断していることから広い土地を得にくく、酪農に向きません。

ニュージーランドは、山地を除いて降水量が比較的少なく乾季がないため、一年中広がる草原が乳牛のえさとなり、比較的安い生産費で乳製品を作ることができます。また南緯40度付近に位置するため、夏が比較的涼しいことも、酪農が発達した理由です。

ニュージーランドは、他に羊の飼育もさかんで、国民の数よりもはるかに多い羊がいます。ニュージーランドが位置する緯度帯には、偏西風（西寄りの風）が

[ニュージーランドの自然と酪農]

吹いているため、南島の東部はサザンアルプス山脈の風下側となります。そのため風上側の西部に比べて降水量が少なく、カンタベリー平野では羊の飼育や小麦の栽培などが行われています。

コレだけはおさえておこう！

・オーストラリアでは、北西部で ① 、東部で ② 、北部でボーキサイトの産出がみられる。

・資源の採掘は ③ という、地表を削って掘り下げていく方法を採用している。

・ニュージーランドの最大輸出品目は、 ④ である。

答え ①鉄鉱石 ②石炭 ③露天掘り ④酪農品

✎ 課題を見つけて考察してみよう

世界は大きく、アジア州、アフリカ州、ヨーロッパ州、北アメリカ州、南アメリカ州、オセアニア州の6つに区分されます。それぞれに課題をもち、解決のために努力し、ときに他の州の力を借り、豊かな将来像を描いています。ここでは、アフリカ州の課題とその解決法、将来像を考察していきます。

👁 課題を見つける! ▏アフリカは他の州と比較して、経済発展が遅れている

「アフリカには途上国が多い」、そうイメージする人が多いと思います。実際に世界の一人あたり GDP の順位をみると、下位はアフリカの国々で占められます。GDP とは国内総生産のことで、「国内で生産された物品や提供されたサービスの総額」です。一般的に、経済の規模を表す指標となります。

アフリカ諸国は、国としての GDP がもともと小さく、その割に人口数が多いため、一人あたり GDP が非常に小さくなります。1988年から内戦が続いているソマリアの1人あたり GDP は105米ドル（2019年）しかありません。ちなみに日本は、40063米ドルです。

🔍 調査する! ▏アフリカの経済発展の遅れの原因は、工業化のスピード

アフリカでは、多くの国で工業化が遅れています。中国やインドのように、外国企業を誘致して工業発展をめざすことも可能ですが、まだそこまで至っていません。

アフリカでは農業が主産業であり、農業労働力を確保するために、子どもを増やします。アフリカは他州と比較して出生率が高く、また医療技術の進展や医薬品の普及、衛生環境や栄養状態の向上などによって死亡率（特に乳幼児）が減少したこともあり、第二次世界大戦後は「人口爆発」と称されるほどに人口が増加しました。

❓ 考察する! ▏モノカルチャー経済の大きな不安要素を理解する

かつてアフリカは、ヨーロッパの国々の植民地支配を経験しました。このとき、アフリカの国々では農作物や工業原料の供給地となりました。たとえばケニアでは、広い農園で茶を栽培し、それをイギリスへ輸出していました。現在でもケニアの最大輸出品目が「茶」なのは、特定のヨーロッパ向けの農作物の栽培が現在でも続いているからなのです。このように特定の農産物の栽培に依存した経済をモノカルチャー経済といいます。

モノカルチャー経済には、大きな不安要素があります。たとえば世界的に豊作であれば、品あまりが生じて、なかなか輸出が伸びません。相手国の需要動向によっては、農家が期

待通りの収入が得られなくなります。さらに内戦がはじまると、農業経営ができません。つまり**天候や災害、内戦、相手国の動向といった影響を強く受け、収入が不安定なうえに、内戦によって難民が発生する可能性がある**のです。

モノカルチャー経済下においては、嗜好品（しこうひん）や工業原料といった商品作物の生産が主となり、自給用農作物の栽培がおろそかになります。そのため、穀物などを輸入するための代金を稼ぐために、ますます商品作物の生産に力を入れるようになります。

📖 解決策を考える！　一時的な解決策ではなく、自給できる環境を整える

本来ならば、国内生産した物を輸出して外貨を獲得し、そのお金で工業を発展させます。**しかし、獲得した外貨は穀物輸入に使われるため、なかなか貯まりません。**工業発展のきざしが見えないのには、こういったことが背景にあります。

また、人口増加率が高いため、アフリカの多くの国では需要に供給が追いつかず、**慢性的な食料不足**におちいり、貧困を招いています。少しでも生活を豊かにしようと、仕事を求めて都市部へと移動しますが、都市部でも雇用や住居は限られており、あふれた人たちが郊外でスラムを形成することがあります。

他国からの食料援助は一時しのぎでしかなく、根本的な解決にはなりません。技術支援や新品種の導入などによって「**自立した農業**」の体制をつくっていくことが必要です。

❗ 将来像を提案する！　モノカルチャー経済を脱却して、工業発展をめざす

穀物の供給を輸入に頼らず、「**自立した農業**」を行って食料自給率が向上すれば、商品作物の輸出で得た外貨が貯まりやすくなります。これを利用して外国企業を誘致できれば、工業発展をめざせます。アフリカ諸国はまだまだ賃金水準が安いため、低コスト生産の場所としては最適です。また、鉱産資源などが豊富な国では、原材料の現地調達ができ、外国企業にとってもメリットがあります。さらに人口規模が大きいため、経済成長によって生活水準が向上すれば購買層が増え、市場としても魅力があります。

このように、世界各地でそれぞれに課題があります。土地の特徴やデータなどから人々の暮らしを知り、よりよい世界の未来像を考えていくことが大切です。

41 日本は世界の真ん中にある？
──世界の中の日本の位置

ここが大切！

❶ 地図の中心は発行する国が決める！

❷ 世界地図を逆にすると発見がある！

1 地図の中心は発行する国が決める

　日頃、私たちが目にする世界地図は日本が中心になっています。しかし、日本の標準時子午線は東経135度で、経度０度ではないため、本来は地図の基準となる国とはいえません。実は、**地図は、自分たちが表したい情報を、最も適切な方法で表したものです。**ですから、地図の中心は発行する国が決めます。世界各国で使われている地図を見ると、それぞれ発行している国が中心になっています。

　下の地図を見ると、日本の領土は北緯20度から北緯46度の間にあることがわかります。同じ緯度では、図のＢ地点のアメリカ合衆国やメキシコ、中国、インド、西アジア地域、Ａ地点のアフリカ大陸の北部あたりがあります。日本と同じ緯度を南半球から探してみると、Ｃ地点のオーストラリア、南アメリカ大陸南部あたりがあります。同様に経度を見ると、東経122度から東経154度の間にあることがわかります。ちょうどオーストラリアが日本の真南に位置しています。北側は、ロシアの東部あたりと同じです。

[**日本と同緯度、同経度の範囲**]

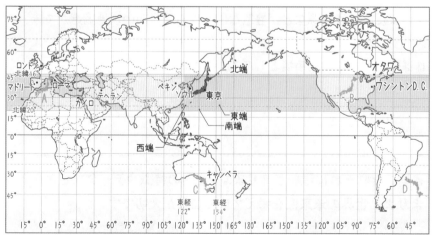

ひとことポイント！

日本の東はアメリカ合衆国？

　左のページの世界地図では、日本から「右」にいくとアメリカ合衆国があります。では、日本の「東」にあるのはアメリカ合衆国かというと、そうではありません。正確には、アメリカ合衆国は日本の北東の方向に位置します。一部の地図を除いて、地図では、必ずしも「右＝東」とはならないのです。

　左のページの世界地図では、日本から見た東はB地点ではなく、D地点に位置する場所です。だいたいブラジルのほうに進む＝東に向かうことになります。

　このことは、実験できます。地球儀と、「Lの字」に切った紙を用意してください。Lの90度に曲がる箇所を日本にあてます。そして、上を北極点のほうに伸ばします。そして右を伸ばすと、ブラジルのほうに向かうはずです。日本から見た東はブラジルということがわかります。

②　世界地図を逆にすると発見がある

　私たちが目にする**世界地図では、一般的に上が北を表しています。**しかし、上下の定義がない宇宙に浮かんでいることを考えると、地球のどちらが上で、どちらが下かというものではありません。

　そこで、右の地図では、通常の世界地図を逆さまにしました。太平洋を見渡す最前線に日本列島が位置していることがわかります。

　日本は鉱産資源があまりとれな

[**南北が逆さまになった世界地図**]

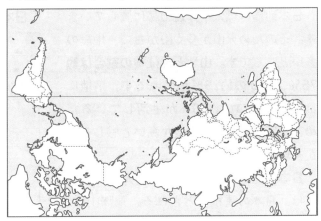

いため、原燃料を輸入して、工業製品に加工して輸出する加工貿易がさかんです。そのため貿易に便利な場所に位置していることは利点となります。

　このように南北を逆さまに描いた世界地図は、オーストラリアやニュージーランドなどでお土産として販売されています。見慣れない地図であるため、違和感がありますが、**地図をどのように見るかは、見る側の自由なのです。**

PART
4

日本のすがたを世界と比べる

コレだけはおさえておこう！

・日本は東経　①　度を中心に、南北に比較的長く広がる国である。

・日本から見たアメリカ合衆国は　②　の方向に位置する。

42 山は険しくて、川は急！

——日本の地形

ここが大切！

❶ 日本は約75％が山地と丘陵地！

❷ 日本の河川は、急流が多い！

1 日本は約75％が山地と丘陵地

　日本列島は**環太平洋造山帯**に属していま_{かんたいへいようぞうざんたい}す。そのため火山が多く山がちで、地震の多いところです。**山地と丘陵地の割合は約75％、残りの約25％が平地です**。平地には日本の人口の約80％が生活しているため、数字以上に人口密度が高いと感じる人が多いでしょう。

　日本列島は南北に細長く、本州の中央部には「日本の屋根」とされる、飛驒山脈、木曽山脈、赤石山脈といった3000m級の山々が連なります。この３つは日本アルプスと呼ばれ、登山やスキーの場として、多くの観光客が訪れています。

　日本はフォッサマグナを境にして、地形が東西で大きく異なります。日本列島は弓なりになった形をしていますが、折れ曲がる部分に位置する地帯がフォッサマグナで

[**日本の主な山脈・火山と海溝**]

す。フォッサマグナよりも東側では南北方向に、西側では南西または東西方向に山脈が連なります。

　日本列島の東側には**海溝**が広がっています。海溝とは、海底にできた溝のことで、_{かいこう}6000mより深いものをいいます（6000mより浅いものはトラフ）。海溝が発達したところでは、海溝と平行に火山が見られ、地震が起きやすくなります。フォッサマグナより西側にもトラフや海溝があることから、日本列島は全体的に火山と地震が多い地域です。

ひとことポイント！ 日本のまわりの海流

海流とは、決まった方向に向かって移動する海水の流れのことです。低緯度から高緯度側へ流れ、周辺海域よりも暖かい海流を暖流、高緯度から低緯度側へ流れ、周辺海域よりも冷たい海流を寒流といいます。

日本列島の南側を流れるのは、暖流の日本海流（黒潮）です。日本海流は九州の南側で分かれ、日本海側へも流れていきます。これが対馬海流です。日本列島の北東側から南へ向かって流れてくるのが千島海流（親潮）です。千島海流と日本海流との間で潮目を形成します。

潮目は栄養分が豊富でプランクトンが発生しやすく魚が集まってくるため、よく魚がとれる好漁場となります。

[日本周辺の海流]

② 日本の河川は、急流が多い

日本列島は、北海道、本州、四国、九州という大きな島で構成されます。これらの島には中央部に標高の高い山脈がそびえています。海岸線までの距離が短いため、**日本列島を流れる河川は、世界の大きな河川と比べると距離が短く、急流が多くなります。**また、山がちな地形であるため、雨が降ったときには、土壌に浸透する前に、一気に河川に向かって流れていきます。降った雨が河川に流れ込む量を**流出率**という言葉で表しますが、日本は流出率が高い河川が多くあります。これは、短時間で河川の水位が上がることにつながり、水害が発生しやすくなっています。

日本にははっきりとした乾季（雨の少ない季節）がなく、一年を通して雨が降ります。その中でもとくに、梅雨や台風、秋霖といった、極端に雨量が多くなる時期があるため、河川を流れる水の量が大きく変化し、たびたび洪水を引き起こしてきました。そこで土木技術を磨き、河川を直線化して円滑に海まで流れるようにしたり、河川の上流部にダムを建設して川をせき止めたりしてきました。これにより、水資源の確保や電力の開発も進めてきたのです。

コレだけはおさえておこう！

・日本列島は約 ［ ① ］ ％が山地・丘陵地で、平野部は非常に狭い。

・日本列島は ［ ② ］ を境に東西で地形の特徴が大きく異なる。

・日本列島を流れる河川は、世界と比べると、距離が短く ［ ③ ］ が多い。

43 他の国には四季がない？

——日本の気候

1 日本は四季が明瞭な国

　日本列島は、温帯から亜寒帯（冷帯）が展開する緯度帯に位置しています。

　日本列島は北海道と東北北部が**亜寒帯（冷帯）気候**、東北南部より南が**温暖湿潤気候**で、どちらも気温の年較差が大きい気候です。気温の年較差とは、最も暖かい月の平均気温と最も寒い月の平均気温の差です。

　一般的に、気温の年較差は大陸の西岸よりも東岸のほうが大きくなります。そのため「暑い夏」と「寒い冬」が存在し、「暖かい春・秋」と四季がはっきりしているのです。

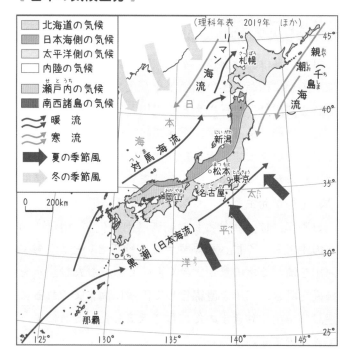

[日本の気候区分]

　日本列島はユーラシア大陸の東側に位置していることから、気温の年較差が大きく、季節に応じて高気圧と低気圧の配置が逆転します。そのため夏は太平洋から暖かく湿った風が運ばれ、冬はユーラシア大陸から冷たく乾いた風が運ばれてきます。本来、冷たく乾いた風である冬の季節風は、日本海上で暖流の対馬海流がもたらす湿った大気によって湿度を増し、日本海側へ雨を降らせます。

ひとこと ポイント！

大陸西岸の国に明瞭な四季はない？

　ヨーロッパの国々のように、ユーラシア大陸の西岸に位置する地域では、日本のようなはっきりとした四季は存在しません。四季が存在するのは、気温の年較差が大きいことが背景にあります。しかし、ユーラシア大陸の西岸は一年中偏西風の影響を受ける地域でもあるため、大西洋からの湿った空気により、夏の気温上昇がやわらぎます。

　夏は比較的冷涼で、冬は比較的温暖なのがヨーロッパの国々の気候の特徴です。

②日本の気候は地域によって異なる

　日本の気候は、気温と降水量の月別の多少で、6つに分けて考えることができます。

　北海道の気候は亜寒帯（冷帯）が展開し、全体的に冷涼です。冬の月平均気温は0℃を下回ります。また梅雨前線や秋雨前線の影響を強く受けないため、6〜7月、9月の降水量はそれほど多くありません。

　太平洋側の気候は、季節風の影響が強い地域で、夏は高温多湿、冬は季節風の風下になるため少雨となります。

　日本海側の気候は、季節風と対馬海流の影響で冬に降水量が多いのが特徴です。逆に夏は季節風の風下となり少雨となります。

　内陸の気候は、海から離れているため季節風が運んでくる水分量が少なく、一年を通して降水量が少ない気候です。また気温の年較差が大きい気候でもあります。

　瀬戸内の気候は、夏も冬も季節風が東西に横断する山地にさえぎられるため、一年を通して降水量が少ないのが特徴です。

　南西諸島の気候は、緯度が低いため一年中温暖で、降水量が多い気候です。とくに台風がやってくる夏から秋にかけて降水量が多くなります。

[日本各地の気温と降水量]

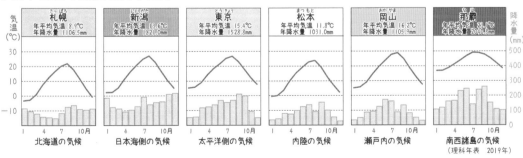

（理科年表　2019年）

コレだけはおさえておこう！

・東北南部以南では、 ① 気候が広く展開する。

・日本の気候は、気温と月別の降水量の多少によって、 ② つに区分される。

44 日本は災害列島？

——日本の自然災害

> **ここが大切！**
>
> ❶ 日本は自然災害がよく発生する国！
> ❷ ハザードマップを活用しよう！

1 日本は自然災害がよく発生する国

日本は、環太平洋造山帯（右ページの ✏ひとことポイント！ 参照）に属していることから、地震や火山の多い国です。右の図のように、地震は、プレートが狭まる境界で発生しやすいため、プレートの境界に位置する日本列島は地震が起こりやすいのです。

大地震が発生すると、地震の揺れによって建物に大きな被害をもたらします。また沖合の海底にある海溝付近から**津波**が発生して沿岸地域を襲います。また**液状化現象**が発生して、建物が傾くこともあります。2011年3月の東日本大震災は、太平洋で発生した大地震が原因でした。また、静岡県から高知県にかけての太平洋沖（海底深く）に位置する**南海トラフ**では、これから30年以内に高い確率で巨大地震が発生することが予想されています。

[**地震が起こるしくみ**]

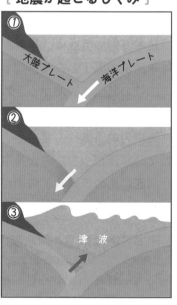

火山もまた、大きな災害をもたらします。大規模な**噴火**が見られると、火山灰や溶岩が噴出し、火砕流が発生してふもとに住む人々に被害が出ます。1990〜95年に起きた、長崎県の雲仙岳（普賢岳）の噴火は大きな被害をもたらしました。

気象による災害もあります。梅雨や台風の時期になると、**集中豪雨**が見られ、河川の氾濫、土石流、山沿いでの**土砂くずれ**などを引き起こします。とくに日本では、国土の約25％の平野部に人口の約80％が生活していることも加わり、気象による災害も多く発生します。

他にも、梅雨が長引くと東北地方では**やませ**の影響で**冷夏**となることがあります。冷夏は米があまりとれなくなるなど、大きな被害をもたらします。これを**冷害**といいます。また、雪の多い地域では、大雪によって交通網が断絶し、孤立してしまうことがあります。

2つの造山帯と主な山脈

ひとこと
ポイント！

地球には、地震や火山活動が活発な造山帯があります。造山帯では、狭い範囲で土地が盛りあがったり沈んだりして、大きな山地や山脈が作られます。

造山帯には、主にアルプス山脈、ヒマラヤ山脈などユーラシア大陸を横断する**アルプス・ヒマラヤ造山帯**と、ロッキー山脈、アンデス山脈、ニュージーランド、日本などの太平洋をぐるりと取り巻く**環太平洋造山帯**の2つがあります。

[2つの造山帯と主な山脈]

―― 主な山地・山脈

（「ディルケ世界地図」 2010年版　ほか）

②　ハザードマップを活用しよう

ハザードマップとは、地震や火山の噴火、洪水、津波などの自然災害によって発生する被害予測や災害発生時の避難場所を示した地図のことです。日本は世界的に見て自然災害の多い国です。そのため、日頃より防災の意識を高めておくことが大切です。

自然災害が実際に起こってから、「どこへ避難すればいいの？」などと考えるのでは遅いのです。心理的、時間的な余裕がないということを想定し、日頃からハザードマップを見ておきましょう。

自分が住んでいる家屋の近くではどのような自然災害が起こる可能性があるのか、災害時の家族との待ちあわせ場所をどこにするか、災害時の行動や避難経路などが重要となってきます。

自然災害は、いつか必ず起きてしまいます。しかし、そのような状況でも被害を最小限に食い止めることを考えなければなりません。

[ハザードマップで確認しておきたいこと]

土砂くずれの予測　　洪水の予測

津波の予測　　避難場所と経路

PART
4

日本のすがたを世界と比べる

コレだけはおさえておこう！

・地震が発生すると、　①　現象が発生して家屋が傾くことがある。

・自然災害による被害予測や災害発生時の避難場所などを示した地図を　②　という。

45 7,700,000,000人を突破！

——世界の人口

> **ここが大切！**
>
> ❶ 世界の人口増加のきっかけは、農業！
> ❷ 第二次世界大戦後の人口増加は、途上国を中心に起こった！

1 世界の人口増加のきっかけは、農業

人類の誕生以来、狩りをしたり魚をとったりして食料を確保する時代が長く続きました。これを獲得経済期といいます。

しかし、獲得経済では、必ずしもほしい分だけの食料が手に入るとは限りません。人口に対する食料供給量が

[世界人口の推移（推計）]

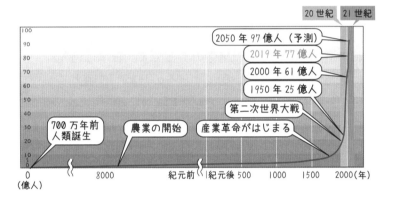

十分とはいえず、人口は増えませんでした。

人口が増えはじめたのは、農業がはじまってからです。それは約1万年前のことでした。最終氷期が終わって、地球が温暖化したことで、西アジアで小麦の栽培がはじまりました。安定して食料を手にできるようになった人類は、人口を増やしていきます。

農業がはじまったころ、地球には約500万人いましたが、西暦元年になると約2億5000万人にまで増加したと考えられています。

18世紀になると、ヨーロッパでは**産業革命**をきっかけに人口増加が見られました。産業革命期に登場した蒸気機関車や蒸気船によって、新しい大陸からの穀物輸入が可能となると、さらに食料供給量が増え、人口増加が起こりました。しかし、一方ではヨーロッパの人口増加は食料不足を招く恐れがあると警鐘を鳴らす人もいました。

なぜ人は そこに集まるのか？

人は、世界中にまんべんなく生活しているわけではなく、人口分布は偏っています。人口が偏ったところは、人口密度が高くなっていきます。

とくに乾燥帯や寒帯といった自然環境が厳しいところでは、人口密度が低い傾向にあります。これは自然環境が厳しいため食料生産が難しいことが考えられます。そのため、世界の約90％の米を生産しているモンスーンアジアなどは食料供給量が多いため、たくさんの人が暮らしています。

さらには、経済が発達して仕事がたくさんあるところにも人は集まります。世界的に見ると、欧米の国々や日本です。日本国内で考えると、東京やその周辺に人口が多く集まっています。

②　第二次世界大戦後の人口増加は、途上国を中心に起こった

第二次世界大戦後の1950年代から、世界の人口は急増しました。この**人口増加は、アジアやアフリカ、ラテンアメリカといった発展途上国を中心に**見られました。

医療技術の進展や医薬品の普及、衛生環境や食料事情の改善などを背景に、乳幼児を中心として死亡率が下がったことや、主産業が農業であるため労働力として子どもがたくさんもうけられたことなどが考えられます。

1950年に約25億人だった人口は、2000年には約61億人にまでふくれあがりました。現在は77億人を超えています。このような第二次世界大戦後の人口増加を、**人口爆発**と呼びます。しかし、急激な人口増加だったため、社会が対応できませんでした。慢性的な食料不足、病院や学校、水道、電気などの生活に必要なものの不足、雇用不足などを引き起こしています。

先進国は少子高齢化がさらに進展すると考えられ、また途上国の出生率はわずかながら下がりはじめていますが、**2050年には地球上の人口は約97億人まで増えると考えられて**います。途上国の出生率が下がりはじめている理由は、近年の経済成長にともなって生活水準が向上し、**家族計画という考えかた**が普及したことにあります。生活水準が上がったからといって子どもの数を増やすばかりでは、経済面、教育面、住宅面などさまざまな環境で課題が生じます。そこで、「子どもをどんどん産もう」という考えかたよりも、「何人の子どもを産めば、幸せな家庭を築けるか」という家族計画の考えかたが定着したのです。

✏ コレだけはおさえておこう！

・世界の人口は ① のはじまりによる安定した食料生産によって増加しはじめた。

・18世紀ごろのヨーロッパの人口増加は、 ② がきっかけになった。

・第二次世界大戦後の人口増加の状況を ③ と呼ぶ。

46 「富士山」「つりがね」「つぼ」って何？
──日本の人口

> **ここが大切！**
>
> ❶ 日本の人口ピラミッドは「つぼ型」！
> ❷ 少子高齢化の意味と問題点を理解しよう！

1 日本の人口ピラミッドは「つぼ型」

　日本には約1億2600万人（2020年）が暮らしています。人口が1億人を超える国は世界に14カ国しか存在せず、**日本は世界的に人口が多い国といえます。**

　国や地域などの**男女別・年齢別の人口構成を表したものを人口ピラミッドといいます。**これは縦軸に年齢層、横軸に各年齢層の割合を表したもので、歴史的背景を読み取り、今後の人口予測に役立てることができます。

　出生率が高く、また死亡率も高い状況を**多産多死**といいます。出生率が高く、死亡率が低くなっていった状況を**多産少死**といいます。多産多死や多産少死の人口ピラミッドは、裾野が広く、年齢層が高くなるにつれて割合が小さくなる**富士山型**で、発展途上国によく見られます。

　その後、経済成長にともない出生率が下がると、**少産少死**へと移ります。これは低年齢層の割合が小さくなるため底辺が狭くなり、死亡率が低く高年齢層の割合が比較的大きくなる**つりがね型**になります。日本のように少子化が進むと、人口ピラミッドの底辺がさらに狭くなり、中央部がふくれあがる**つぼ型**になります。つりがね型とつぼ型は先進国で見られる人口ピラミッドです。

　日本の人口ピラミッドは、つぼ型です。第二次世界大戦後、2度のベビーブーム（右ページの ひとことポイント！ 参照）が起きましたが、最近は長らく少子化傾向にあります。さらに医療技術の進展や医薬品の普及などによって、平均寿命は世界で最も高い国のひとつとなり、ついに少産多死となりました。現在の日本は、人口減少社会へと転じています。

[人口ピラミッドの型と特徴]

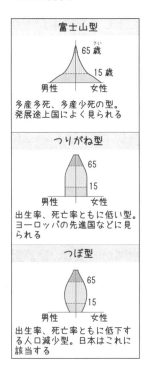

富士山型
65歳
15歳
男性　女性
多産多死、多産少死の型。発展途上国によく見られる

つりがね型
65
15
男性　女性
出生率、死亡率ともに低い型。ヨーロッパの先進国などに見られる

つぼ型
65
15
男性　女性
出生率、死亡率ともに低下する人口減少型。日本はこれに該当する

ベビーブーム

第二次世界大戦後、日本では2度のベビーブームが起こりました。ベビーブームとは、出生率が急増した時期をいいます。

1度めのベビーブームは1947～49年です。戦争が終わって、社会的不安がやわらいでいった時期です。この3年間で生まれた子どもたちは約800万人いました。彼らは、1960年代の高度経済成長期を労働者として支え、「団塊の世代」と呼ばれました。

2度めのベビーブームは1971～74年です。この世代は、親世代に第一次ベビーブーム世代を持つため、子どもの数が多くなりました。およそ800万人が第二次ベビーブーム世代です。

2) 少子高齢化の意味と問題点を理解しよう

少子高齢化は、少子化と高齢化が起こった状態のことをいいます。「生まれてくる子どもの数が、より少なくなる」ことを少子化といいます。少子化が進むと、相対的に高齢者の割合が大きくなります。これが高齢化です。少子化が先に起こり、その後に高齢化となるため、少子化と高齢化のはじまりには時間差があります。日本では1970年代後半から出生率が低下傾向しはじめました。そして、1990年代後半に年少人口（15歳未満の人口）割合と老年人口（65歳以上の人口）の割合が逆転しました。

少子化の問題点として、市場の縮小が考えられます。 将来、働き手となる子どもが生まれないことは、労働者不足を招きます。それだけでなく、労働者が働いて稼いだお金で物を買い、その中から税金を払うということも少なくなっていきます。また、税収が減ると、自治体の運営が困難になってしまいます。

高齢化の問題点には、社会保障費の増加が考えられます。 高齢者になると、自分で働いてお金を稼ぐことが難しくなります。そこで、税金で高齢者の生活を支える必要が出てきますが、年金や医療などの社会保障費が増えていくと、それを支える働き手の人たちへの負担が大きくなってしまいます。

日本は長らく続く少子高齢化によって、老年人口割合は30％に近づくまでに上昇し、4人に1人が高齢者となりました。一方15歳未満の子どもたちは、その半分程度しかいません。

コレだけはおさえておこう！

・多産多死や多産少死の状況では、人口ピラミッドは ［　①　］ 型となる。

・日本の人口ピラミッドは ［　②　］ 型である。

・少子化の問題点として市場の縮小が、高齢化の問題点として ［　③　］ 費の負担増大が、それぞれ考えられる。

PART 4

日本のすがたを世界と比べる

47 昨日食べた野菜は国産？ 外国産？
――日本の農業

ここが大切！

❶ 日本の農業は土地生産性が高い！

❷ 第二次世界大戦後の経済成長が、食料自給率を下げた！

1 日本の農業は土地生産性が高い

日本の耕地（農作物を作る土地）の半分以上は、**水田**です。平野では、河川の水を利用して古くから**米作り**が行われてきました。とくに**東北地方や日本海側の北陸地方**でさかんで、各地域でもそれぞれのブランド米が生産されています。

山地と平野の境界や扇状地などでは、日当たりと水はけのよさを利用して果物栽培が行われます。

山地や丘陵地が約75％もある日本では、狭い耕地を効率よく利用して農業が行われ、**世界的に見ても、土地生産性が高い国です。**

また、大都市周辺でも農業が行

[**日本の主な農業地域**]

（2015年（畜産は2016年）農林水産省資料ほか）

われています。大都市に近いということは、輸送費が安くすみます。また短時間で輸送できることから、新鮮なものを市場に届けられるという利点があります。こうした農業を**近郊農業**といい、野菜や乳製品などが生産されています。

近年は、交通や輸送システムの発達によって、大都市から離れた地域でも野菜や乳製品が生産され、新鮮なまま市場へ届けられています。出荷時期によって農産物の生育を調節する**促成栽培**（早作り）や**抑制栽培**（遅作り）を行うことで、一年を通してほしい農産物を手にできるようになりました。

地産地消

　日本は外国産の農産物の輸入が多い国ですが、地元で生産された農産物を地元で消費する取り組みが進められています。これを地産地消といいます。自分たちが住む地域での農業の活性化を期待することができ、またそれを手にして食べる人は、生産者の顔が見えやすいという利点と自分の住む地域への愛着を持てることが期待されています。

　さらに、地産地消は農産物の輸送距離を短くします。そのためトラックなどの輸送に使うエネルギーが小さくてすむなど、環境に配慮したものにもなります。「道の駅」などでは地元で生産された野菜などの農産物が販売されているのを見るようになりました。

2 第二次世界大戦後の経済成長が、食料自給率を下げた

　日本では、狭い耕地を最大限に有効利用して農業を行うために、肥料や農薬を使用することで、1haあたりの収穫量を上げてきました。

　しかし、肥料や農薬を購入して行う農業は生産にかかる費用が高くなります。そのため、**国産の農産物は、外国産の農産物に比べて値段が高くなってしまうことから、安い外国産の農産物の輸入が増えました。**

　高度経済成長期（1955～73年）に生活水準が向上すると、肉類や乳製品、油脂類の需要が大

[**主な農産物の自給率の移り変わり**]

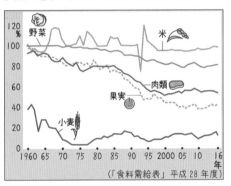

（「食料需給表」平成28年度）

きくなり、輸入が増えました。さらに畜産業の発達は、海外の安い**飼料**の輸入量を増やすことになり、日本の**食料自給率**は低くなりました。日本で生産された肉類は、品質が高いにもかかわらず、値段が高いため外国へ輸出できません。国際競争を高めていくことが課題です。

　近年では安全性にも力を入れるようになり、原則、化学肥料や農薬を控え、有機肥料などを使って農産物を生産する有機栽培なども行われるようになってきました。

コレだけはおさえておこう！

・日本の農業は、1haあたりの収穫量が　①　い。

・大都市周辺で行う農業を　②　農業という。

・日本の食料自給率が低くなった理由のひとつに、畜産業の発達によって　③　を輸入するようになったことがある。

PART 4 日本のすがたを世界と比べる

48 木材と魚はどのくらいとれる？
──日本の林業と水産業

ここが大切！

❶ 日本の木材自給率は低い！

❷ 日本人は1人1日あたり、130gの魚介類を食べる！

1 日本の木材自給率は低い

日本の森林面積割合は、国土の約70％と非常に高く、木材が豊富に存在します。日本では、山がちで標高の高いところに木が多く、針葉樹の青森ひば、秋田すぎ、木曽ひのき、吉野すぎなどが有名です。

しかし、**木が豊富にあるにもかかわらず、国内で必要な木材の多くを、輸入でまかなっています。**高度経済成長期、とくに1960年代後半になると、海外からの木材輸入が増えました。これは国内の林業従事者にとっては大きな打撃で、林業をやめる人が増え、林業を志す人が減っていきました。

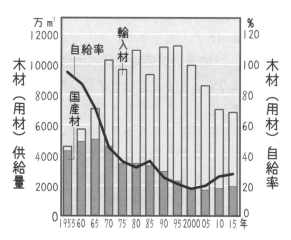

[**日本の木材生産と輸入の変化**]

（平成29年版　森林・林業白書）

日本の木材が利用されないのには理由があります。1つめは、日本では木の多くが<u>山地</u>にあるため、伐採した木を運ぼうとしても、山道が整備されていないこと。2つめは、第二次世界大戦後に植林したものが多く、**伐採時期にいたっていない木が多いこと**。木は植林してから伐採時期までに数十年とかかります。こうした理由から、国産木材の利用が進んでおらず、海外の木材を輸入するようになりました。しかし2000年代になると、伐採時期にいたった木が増え、日本の木材自給率は徐々に増加しはじめています。

近年は、国土の保全や人々の保養などの点から森林の重要性が増しています。森林があることで、周辺に降った雨を木や土に一時的に貯えてくれるため、下流域での洪水防止につながります。また観光資源としても重宝され、観光業が発達することもあります。

潮目は好漁場

潮目とは、暖流と寒流がぶつかる海域のことで、好漁場となります。暖流と寒流は寒流のほうが冷たく重いため、2つがぶつかると寒流は暖流の下に潜ります。その際に、海水を混ぜるため、栄養分が海水面近くまで持ち上げられます。この流れを湧昇流（ゆうしょうりゅう）といい

ます。海水面近くでは酸素が取り込まれ、プランクトンが発生しやすくなります。

マグロやカツオなどの暖流魚、サケ・マス、サンマなどの寒流魚がこれを目当てに集まってくるため、潮目は魚種が豊富で、好漁場となるのです。

② 日本人は1人1日あたり、130gの魚介類を食べる

日本人は古くから魚介類の消費量が多く、1日あたり130g程度の魚介類を食べています。まわりを海に囲まれていること、地形的に深い入り江が見られること、暖流の日本海流（黒潮）と寒流の千島海流（親潮）がぶつかって潮目を形成することから、好漁場に恵まれ漁業がさかんです。1988年まで、日本の漁獲量は世界一でした。

しかし、世界的に排他的経済水域を設定する国が増えたことで操業範囲が狭くなり、とくに遠洋漁業は漁獲量を減らしました。

[日本の主な漁港の水あげ量]

年間水あげ量が5万t以上の漁港
数字の単位は万t
[2017年]

- 20万
- 10万
- 5万

→ 暖流
⇒ 寒流

(〜)内は漁港のある都市名

- 釧路 14.1
- 八戸（はちのへ） 9.9
- 気仙沼（けせんぬま） 7.3
- 石巻（いしのまき） 10.8
- 銚子（ちょうし） 28.1
- 焼津（やいづ） 14.9
- 境（境港）（さかい・さかいみなと） 11.8
- 松浦（まつうら） 7.5
- 長崎（ながさき） 7.3
- 枕崎（まくらざき） 8.5

リマン海流
親潮
対馬海流（つしまかいりゅう）
黒潮

（2020/21年度版「日本国勢図会」）

日本人の魚介類消費量はほとんど横ばいで推移しており、その需要を満たすため、**1980年代後半以降は海外からの水産物輸入が増えました。**さらに、とる漁業から育てる漁業への転換が進められ、**養殖漁業（ようしょく）や栽培漁業（さいばい）にも力を入れるようになりました。**栽培漁業は、卵から稚魚になるまでの時期を人間の手によって守った後に海に放流し、成長したタイミングで再び捕獲する漁業のことです。

コレだけはおさえておこう！

・ ① での伐採が困難であるため、木材の多くを海外から輸入している。

・日本はまわりを海に囲まれ、暖流と寒流がぶつかって ② を形成することから、好漁場が多く、古くから漁業がさかんである。

・稚魚を放流し、成長した後に再び捕獲する漁業を ③ 漁業という。

PART 4

日本のすがたを世界と比べる

49 便利なくらしはどこからきている？
──日本のエネルギーと資源

1) 日本の鉱産資源の自給率は低い

1960年代まで、日本は国内で採掘された資源を利用していました。しかし、高度経済成長期を迎え、エネルギーを使う経済活動が行われるようになると、**国内産の資源だけではまかなえないようになりました。**

環太平洋造山帯に属する日本列島は、地質が複雑なため、資源の採掘が難しく費用が高くつきます。また国土面積が狭いため、埋蔵量が少なく品質がよくありません。そこで、**品質がよく、価格の安い外国産の資源**を輸入するようになりました。

[**日本で消費している資源の輸入相手国**]

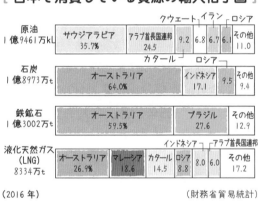

（2016年）　　　　　　　　　　（財務省貿易統計）

国内の鉱山はほとんど閉鎖され、自給率を見ると、鉄鉱石は0％、石炭は0.7％、石油は0.3％、天然ガスは2.4％しかありません。石炭はオーストラリアやインドネシアなどから、石油はサウジアラビアやアラブ首長国連邦、カタールなどから輸入しています。鉄鉱石はオーストラリアやブラジルから、天然ガスはオーストラリアやマレーシア、カタールからの輸入が中心です。

エネルギー資源や金属資源といった鉱産資源は、輸出国に日本に輸出する余裕があるときに輸入されます。しかし、近年は中国やインドを中心とした、アジアの国々の経済成長が著しいことを背景に、これらの国々の鉱産資源の需要が高まっています。そこで、**限られた資源の獲得競争が世界中で行われるようになっています。**

今後、日本の鉱産資源の自給率が飛躍的に向上することは考えにくいため、将来に渡って鉱産資源の安定供給を考えていかなければなりません。そこで日本企業は、積極的に海外の新しい鉱産の開発に力を入れるようになってきました。

眠っている都市鉱山!?

レアメタルは、先端技術産業には欠かせない資源です。しかし、旧ソビエト地域、中国、アフリカ南部などに偏って埋蔵されているため、安定供給は先端技術産業が発達した国において、とても重要なことです。

携帯電話などには、多くのレアメタルが使われています。以前使っていた携帯電話を手元に残しておくことは、「家の中にレアメタルが眠っている」ことと同じです。

都市には、こうした多くのレアメタルが埋蔵しているという意味で、都市鉱山と呼ばれています。レアメタルをリサイクルして活用する環境作りが求められています。

② 日本の電力は火力発電が中心

山がちな地形の多い日本では、土地の高低差を利用する発電方法が可能です。ダムを建設し、水の落下エネルギーで電力を作ってきましたが、第二次世界大戦後の経済成長によって、**水力発電**だけでは国内の電力需要をまかなえなくなってきました。そこで**石油や石炭を使った火力発電に依存するようになりました**。

しかし1973年の第一次オイルショックによって燃料費が高騰したことで、天然ガスや原子力の依存度が高まるようになり、石炭が見直されるようになりました。近年では2011年3月の東日本大震災での原発事故をきっかけに原子力への依存度が低くなり、原子力発電のありかたについてさまざまな意見が交わされるようになりました。また、地球温暖化など環境への意識も高まり、風力や太陽光といった**再生可能エネルギー**の開発も進んでいます。

[**主な国の発電量の内訳**]

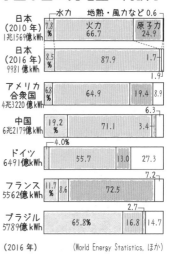

(2016年)　(World Energy Statistics, ほか)

火力発電は、燃料さえあればどこででも発電できます。そのため立地条件を問いませんが、日本は石油や石炭、天然ガスを輸入しているため、輸入に便利で、電力需要の大きい**工業地域や大都市に近い沿岸部**に立地する傾向があります。原子力発電も燃料となるウランを輸入すること、冷却用水が得やすいことから沿岸部に多いですが、原発事故のリスクを考えて人口密集地から離れたところに立地する傾向があります。

コレだけはおさえておこう！

・日本は、かつては ① 発電が中心であったが、その後 ② 発電が中心となり、1970年代以降は、天然ガスや原子力を利用するようになった。

・火力発電は、電力需要の大きい工業地域や大都市に近い ③ に立地する傾向がある。

50 工業が発達しているのはどこ？

——日本の工業

ここが大切！

❶ 工業製品の出荷額が最も大きいのは、中京工業地帯！

❷ 日本は加工貿易で発展した！

1 工業製品の出荷額が最も大きいのは、中京工業地帯

日本は世界的に見て、先進工業国です。日本の工業は繊維工業などの軽工業から、重化学工業へと発展していきました。

重化学工業は大きな設備を利用して工業製品を生産するという特徴があります。近年では、重化学工業とあわせて高度な知識と技術を必要とする先端技術産業も発展しました。

日本で早くから工業が発展した地域は、**京浜、中京、阪神、北九州の４つ**でした。第二次世界大戦後はこれらの地域を中心に、鉄鉱石や石炭、石油などの資源を輸入して、石油製品や鉄鋼などに加工する石油化学工業や鉄鋼業が発達しました。輸入に便利な沿岸部に工業地域が集中し、その結果、関東地方から九州北部にかけて、**太平洋ベルト**といわれる工業地域が形成されました。

中でも最大の工業生産額を誇るのは、中京工業地帯です。自動車や自動車関連部品、内燃機関（ガソリンエンジン）などを生産しています。

長らく工業生産額が最も大きかった京浜工業地帯は、情報産業が中心です。人口密集地であるため情報が集まりやすく、他の工業地域に比べて出版・印刷業が発達しています。

[日本の主な工業地域]

[全国の工業出荷額内訳]

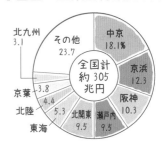

（2016年）（平成29年　工業統計表）

名古屋港の貿易統計

名古屋港は、周辺で発達する自動車工業に関する工業製品の貿易がさかんです。主に、生産された自動車や自動車関連部品、ガソリンエンジンなどです。輸入品目は、液化天然ガス、アルミニウム、衣類などが中心です。

とくにアルミニウムは自動車の部品となります。日本は電気代が高いため、ボーキサイトからアルミニウムを生産することが難しく、アルミニウムを輸入して利用します。また名古屋市は人口が多いため、衣類などの消費財の需要が高いです。そして液化天然ガスは火力発電に利用されています。

② 日本は加工貿易で発展した

日本は、重化学工業が発達してから、原燃料を輸入し、工業製品に加工して輸出する加工貿易を中心に発展しました。

しかし燃料の価格は一定ではありません。オイルショックのように石油価格が

[日本の貿易品目の変化]

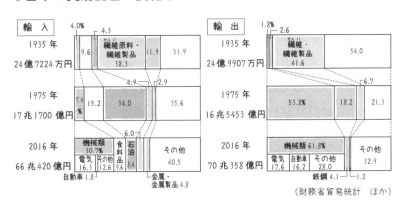

（財務省貿易統計　ほか）

高騰することもあります。また外国為替の影響も、輸入コストに影響を与えます。国際市場の影響を強く受けるのが加工貿易なのです。

1980年代に入ると、アメリカ合衆国やヨーロッパの国々との間で**貿易摩擦**が起こりました。とくに自動車分野での貿易のバランスがとれていないことが目立ちました。貿易摩擦とは、2国間の貿易の収支が、どちらかの国だけ大きく赤字に傾いている状態です。アメリカ合衆国が貿易赤字になったことを受け、日本はアメリカ合衆国やヨーロッパの国々に工場を建設して、現地の人々を雇うことで貿易摩擦を解消してきました。

近年は東南アジアや中国への工場進出が増えています。これは現地の安価な労働力を活用できること、現地で販売することなどを目的としています。こうして多くの日本企業が世界をまたにかけて生産する多国籍企業となって活躍しています。

コレだけはおさえておこう！

・日本の重化学工業は、京浜、｜ ① ｜、阪神、北九州の4つの地域を中心に発展した。

・関東地方から九州北部にかけて広がる工業地域を｜ ② ｜という。

・日本は原燃料を輸入し、工業製品に加工して輸出する｜ ③ ｜を行っていた。

答え　①中京　②太平洋ベルト　③加工貿易

51 アニメやゲームは どこで作られる？
——日本の商業とサービス業

ここが大切！

❶ 商業活動が多様化している！

❷ サービス業の成長が著しい！

1 商業活動が多様化している

　農林水産業などの自然を相手に営む産業が**第一次産業**です。鉱工業や建設業、製造業などの自然から得られた材料を加工するのが**第二次産業**です。商業、サービス業など第一次、第二次産業以外のものを**第三次産業**といいます。

　日本は、多くの先進工業国と同じく、第三次産業が中心の国です。中でも第三次産業就業者の割合が高いのは、**東京都、沖縄県、北海道、千葉県、神奈川県、福岡県**などです。

　日本の中でも人口が密集する東京都、千葉県、神奈川県では経済活動が活発で、多くの人々に支えられて**小売業**（スーパーやコンビニエンスストアなど、消費者への販売が目的の事業）が発達します。沖縄県や北海道では観光業が発達

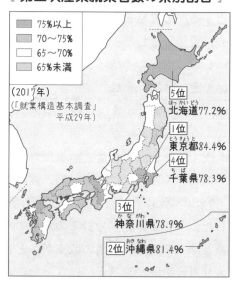

[**第三次産業就業者数の県別割合**]

75%以上
70〜75%
65〜70%
65%未満

(2017年)
(「就業構造基本調査」
平成29年)

5位
北海道77.2%

1位
東京都84.4%

4位
千葉県78.3%

3位
神奈川県78.9%

2位
沖縄県81.4%

し、**サービス業**（ホテルや旅館、土産物店などの事業）がさかんです。

　世の中が複雑化し、単身者が増え、女性の社会進出が増加すると、人々の生活スタイルに合わせて商業活動も変化していきます。24時間営業するお店が増え、1980年代以降、コンビニエンスストアは販売額を伸ばしてきました。これは POS システムという「誰が、いつ、どのお店で、何を買ったか？」という情報を把握することで商品の管理を行い、品切れが起こらないよう、在庫を抱えすぎないように工夫することで品揃えのよさを実現してきたことも背景にあります。

　また、日常生活で車を使う機会が増えたことで、郊外の大きな道路沿いに並ぶ大型ショッピングセンターや専門店などを利用する機会も多くなりました。古くからの商店街

ひとことポイント！ 先端技術産業はどこで発達する？

先端技術産業の発達に必要なものとして、優秀な人材と情報、開発に必要な資金や施設などが考えられます。行っている研究が将来的に利益につながるかは未知数ですが、それを信じて研究を続けているのです。そのため、

先端技術産業の発達に必要なものは大都市に集まる傾向があります。日本でいえば東京や大阪、名古屋といった三大都市です。

ここには大学や企業が集まっていて、共同で研究開発を行うこともあります。世界に目を向けても同様で、先端技術産業は先進国に集まる傾向があります。

は客が減ったところもあります。近年はインターネットを利用した商品販売も販売額を伸ばしています。

② サービス業の成長が著しい

日本に限ったことではありませんが、**世界の先進工業国ではサービス業が著しく成長しています**。とくに、情報技術（IT）産業が急速に拡大しています。これまでの通信手段といえば、郵便や電話などが中心でした。しかしインターネットが普及し、高速通信が整備されると、さまざまな情報が手に入るようになりました。インターネットを利用することで、**メールの送受信、ニュースや宣伝広告などの情報の配信、商品の販売などを広く行える**ようになったのです。こうした情報通信技術の発達は、**IT革命**などと呼ばれ、私たちの日常生活で重要な部分を占めるようになってきました。

小売店での販売額と電子商取引の取引額の変化

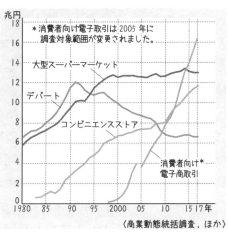

〈商業動態統括調査，ほか〉

情報通信技術の発達は、アニメーションやゲームソフトなどの情報コンテンツ産業の発展を加速させました。これらは先端技術産業に分類されるため、東京のような大都市に集中する傾向があります。それは、大都市には多くの人々が生活しており、さまざまな需要があること、情報が収集しやすいことなどが背景にあります。

✏ コレだけはおさえておこう！

・都道府県別の第三次産業就業者数を見ると、東京都が最も高く、次に ① 県、続いて北海道、千葉県、神奈川県などで割合が高い。

・先端技術産業は ② に集まる傾向がある。

52 2時間でどこまで行ける？

——日本の交通と通信

ここが大切！

❶ **国内交通の拠点は東京！**

❷ **旅客・貨物ともに、輸送の中心は自動車！**

1 国内交通の拠点は東京

　日本の**国土面積は世界第61位**と、比較的広い国であるといえます。日本国内では、人・物・金・サービスが移動しています。そのため、移動時間をいかに短くするかは経済活動をしていくうえで重要です。

　日本ではじめて新幹線が登場したのは1964年、東京オリンピックを間近に控えたときでした。また、高度経済成長期には航空輸送の利用も増えました。日常生活で自動車を利用する機会が増えたことから、高速道路の建設も進められていた時代です。これによって**国内の地域間移動にかかる時間が大幅に短くなり、さらに経済活動を活発化させました**。また、日帰りで行ける地域が拡大したことで、国内旅行がブームになりました。

[新幹線と主な航路]

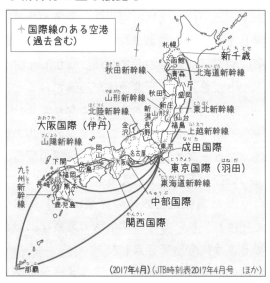

（2017年4月）（JTB時刻表2017年4月号　ほか）

　東北新幹線、上越新幹線、北陸新幹線、東海道新幹線の拠点は東京駅です。新幹線は、東京を拠点として路線が放射状に伸びています。

　日本の航路別の国内線旅客数を見ると、最も旅客数が多いのは、東京（羽田）－新千歳です。東京と札幌を結ぶ新幹線の開通はまだ先ですので、両地点を短時間で結ぶほぼ唯一の移動手段と考えられます。次に多いのが東京（羽田）－福岡です。両都市は新幹線で結ばれていますが、移動時間が長いことと、格安航空券があることなどから航空機利用がさかんです。以下、東京（羽田）－那覇、東京（羽田）－大阪、東京（羽田）－鹿児島と続きます。航空路線も、東京が拠点となっていることがわかります。

ひとことポイント！ ハブ空港

ハブ空港とは、拠点となる空港のことです。ここを中心に周辺空港へ路線が伸びている様子が、自転車の車輪の軸であるハブにたとえられました。

また、周辺空港までの路線をスポーク路線といいます。乗客の立場からは、各空港間を直接結ぶほうが便利ですが、航空会社からすると、一度乗客をハブ空港に集めたほうが、効率よく運用することができます。周辺空港から飛び立った飛行機を、同じ時間帯にハブ空港に集め、すべての乗客を大型ジェット機で目的地に運ぶのです。こうすると、ムダが省かれ、赤字路線を減らすことができます。

いくつかの航空会社同士が協力して、ひとつのハブ空港に集められることがあります。こうして協力しあう航空会社の集まりを国際航空連合（アライアンス）といい、世界にはワンワールド、スターアライアンス、スカイチームという3つの航空連合があります。日本の航空会社では、日本航空（JAL）はワンワールド、全日空（ANA）はスターアライアンスのメンバーです。

② 旅客・貨物ともに、輸送の中心は自動車

日本の旅客輸送、貨物輸送の中心は自動車です。自動車は、時間の制約がある鉄道と違って、利用したいときに利用できます。また目的地に直接行くことができる利便性から、日常生活での利用度が高い輸送機関です。旅客輸送量は、自動車の後に鉄道、航空機、船舶と続き、貨物輸送量は、自動車の後に船舶、鉄道、航空機と続きます。

自動車の移動速度は、鉄道や航空機と比較すると遅いですが、運転手の疲労や、移動時間を考えると、その利便性から100km圏内では圧倒的に自動車の利用度が高くなります。その自動車の利用を促進させたのが高速道路です。しかし、300kmを超えたあたりから新幹線（鉄道）の割合が増え、500kmを超えると航空機の利用が増えていきます。

日本はまわりを海に囲まれており、また加工貿易を行っているため、原燃料の輸入や工業製品の輸出などは船舶で行います。

このように、さまざまな状況にあわせて、輸送手段が選ばれています。

［ 国内輸送の内訳の変化 ］

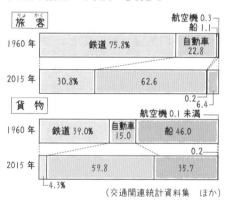

（交通関連統計資料集　ほか）

コレだけはおさえておこう！

・旅客輸送量が最も多い国内航空路線は、東京（羽田）－ ① 間である。

・日本において、旅客・貨物ともに輸送量が最も多いのは ② である。

答え　①新千歳　②自動車

113

53 プロ野球のキャンプ地に選ばれるのはどうして？
——九州・沖縄地方の自然環境

ここが大切！

❶ 九州・沖縄地方は温暖で雨の多い地域！

❷ 九州地方は火山活動がさかんな地域！

---

1 九州・沖縄地方は温暖で雨の多い地域

　九州地方は、暖流の**日本海流**（黒潮）と、日本海流から分流した**対馬海流**の影響を受けています。日本列島の中で緯度が低く、鹿児島市の1月の平均気温が約9℃ということからもわかるように、**冬でも温暖な気候**です。

　南西諸島は、さらに低緯度側に位置します。亜熱帯気候を示す那覇では、1月の平均気温が約17℃です。周辺の海域に**サンゴ礁**が見られるほど海が温かく、熱帯地域などに見られるヒルギ科などの樹木による、マングローブが見られます。

[各地の気温と降水量]

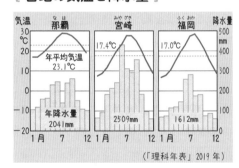

（「理科年表」2019年）

　観光客に人気のサンゴ礁や白い砂浜を目当てにやってくる観光客のおかげで、沖縄県では観光業が発達しました。しかし一方で、毎年台風の被害に悩まされている地域でもあります。人々はこうした自然環境を土台に、生活の中で工夫を重ねてきました。家を石垣で囲い、屋根瓦をしっくいで固め、平たい屋根にして台風に備えたのです。

　このあたりでは、**さとうきびやパイナップルなど、熱帯作物の生産がさかんに行われています**。また、冬の温暖な気候を利用して、多くのプロ野球チームがシーズン開幕前の春季キャンプ地に選んでいます。

　九州地方は、季節風（モンスーン）の影響が強いところです。夏は太平洋から湿った季節風が吹くため、雨が多くなります。さらに梅雨や台風による大雨なども見られ、集中豪雨は洪水や土砂くずれなどの自然災害につながる危険もあります。

台風銀座

九州南部は、毎年台風の通り道になっています。そのため、「台風銀座」と呼ばれています。平成5年台風第13号は、8月31日に発生、9月3日に九州南部に上陸しました。そのときの中心気圧は930hPa、最大風速は毎秒50mを超えていました。最大瞬間風速は種子島で毎秒59.1mを記録しました。8月1日と6日の集中豪雨後だったため、地盤が弱っているところに台風が上陸したのです。そのため土砂災害が各地で発生し、死者・行方不明者は48名を数えました。

平成5年台風第13号は、上陸時の中心気圧が低い台風としては、観測史上5番目に数えられます。

② 九州地方は火山活動がさかんな地域

九州地方は、日本列島の南西に位置する地域で、南北に長く広がります。九州の中央部には巨大な**カルデラ**があります。カルデラは、阿蘇山の噴火で噴き出した火山灰や溶岩のあとが、くぼんでできたものです。

阿蘇山や桜島に代表されるように、**九州は火山の多い地方**で、とくに桜島はよく噴火を起こします。夏になると太平洋からの南東季節風によって、桜島からの火山灰が薩摩半島に降ります。そのため鹿児島のテレビの天気予報では「桜島上空の風向き」が伝えられます。

被害だけでなく、火山は恩恵も与えてくれます。**火山を利用した地熱発電**では大分県の八丁原地熱発電所が有名ですが、その他にも多く存在し、国内の地熱発電所の約4割が九州地方にあります。環境への意識が高まる中、太陽光を利用した太陽光発電もさかんで、**再生可能エネルギー**として注目を集めています。

火山の熱で温められてわき出す温泉も、よく知られています。大分県、熊本県、鹿児島県は源泉数の多い県で、大分県の湯布院や別府が有名です。

[**九州地方の主な温泉地と宿泊者数**]

✏ コレだけはおさえておこう！

・九州地方は日本海流（黒潮）と　①　海流の影響を受けて、気候が冬でも温暖である。

・南西諸島では温暖な気候のもと　②　やパイナップルの生産がさかんである。

・九州地方は火山が多く、それを利用した　③　発電所が建設されている。

PART
5

日本の諸地域

54 シリコンアイランドに注目！
——九州・沖縄地方の産業

ここが大切！

❶ 九州の農業は、北部は稲作、南部は畑作！
❷ 九州では先端技術産業が発達する！

1 九州の農業は、北部は稲作、南部は畑作

　九州地方の農業を大きく分けると、**北部では稲作、南部では畑作が中心**です。

　北部は、福岡県から佐賀県に広がる筑紫平野で稲作が行われています。山がちな地域では**棚田**が見られます。九州地方は冬でも比較的温暖なため、米を収穫した後に水田で小麦や大麦などの栽培を行います。これを**二毛作**といいます。また北部では、福岡市という大都市があることから、ここに出荷する果物や野菜の栽培もさかんです。

　南部は、**シラス**と呼ばれる古い火山の噴出物によって、台地が広がっています。降った雨が土に浸透してしまい、保水性が悪い土地のため、稲作に適しません。鹿児島県本土で古くからさつまいもの生産がさかんだったのはそのためです。しかし、江

[**九州地方の産業**]

戸時代の大きな飢饉のときは、さつまいもを生産していたおかげで、飢えることなく、むしろ人口が増えたといいます。

　こうした背景から、九州南部では**畑作や畜産**が営まれてきました。温暖な気候を活かした**促成栽培**がさかんで、きゅうりやピーマンなどがビニールハウスで生産され、時期を早めて出荷されています。

　さつまいもは家畜のえさとしても重宝され、牛や豚、ブロイラー（食用の鶏）といった家畜の飼育がさかんです。近年は外国から輸入された肉類との価格競争にさらされてい

鹿児島といえば豚？ 実は他の畜産もさかん！

ひとことポイント！

鹿児島といえば豚肉の印象が強いと思いますが、鹿児島は豚肉だけでなく牛肉、鶏肉など、日本でも有数の畜産業が発達した県です。古くからさつまいもの生産がさかんで、現在では穀物だけでなくさつまいもも与えることでさっぱりとした味わいの豚肉を生産し

ています。

しかし、えさとなる穀物の多くを輸入でまかなっていることもあり、生産費が高くなってしまいがちです。そこで最近ではエコフィードという、食品加工や流通時に出た、廃棄されるだけの穀物をエサにする取り組みも行われています。

て、品質を向上させてブランド化することで対抗しています。また台地は水はけがよいこと、九州南部は雨が多いことなどから茶の栽培もさかんです。

② 九州では先端技術産業が発達する

九州北部では、古くから石炭の採掘が行われていました。そこで**八幡製鉄所を建設し、中国から輸入される鉄鉱石と組み合わせることで、鉄鋼業がはじまりました。**ここは後に北九州工業地帯といわれ、九州地方の工業の中心的存在になりました。

八幡製鉄所は炭田の近くにありましたが、経済成長が加速すると、鉄鋼の需要が大きい大都市の近くに鉄鋼工場ができるようになり、北九州工業地帯の工業生産が伸び悩みました。

1970年代以降は、集積回路（IC）の工場が増えました。他の地域に比べて比較的賃金水準が低く、広い工場を建設するための用地を安く買えることで工場が増えた九州地方は、「**シリコンアイランド**」と呼ばれ

[**九州地方の主な工場分布**]

るようになりました。しかし1990年代以降は、海外企業との価格競争が厳しくなっていったことと、組み立て工場を東南アジアや中国に移転する企業が増えたことで、九州地方のIC生産は停滞していきました。最近では、輸出に便利な沿岸部で自動車関連工場の進出が増えてきています。

PART 5

日本の諸地域

✎ コレだけはおさえておこう！

・九州の農業は、北部では　①　が中心だが、南部では　②　や畜産業がさかんである。

・北九州工業地帯は　③　業を中心に発展した工業地域である。

答え　①稲作　②畑作　③鉄鋼

55 山地に挟まれると雨が少ない？
——中国・四国地方の自然環境

ここが大切！

❶ 中国・四国地方の自然は３つに区分される！

❷ 瀬戸内地方は降水量が少ない！

1 中国・四国地方の自然は３つに区分される

　中国・四国地方は、北側は日本海、南側は太平洋に面した、東西に長く広がる地域です。中国地方と四国地方の間には瀬戸内海があります。

　中国地方では中国山地が東西を横断していますが、起伏はそれほど大きくありません。中国山地の北側を山陰、南側を山陽と呼びます。一方の四国山地は、高く険しい山地となっていて、ここを流れる吉野川や四万十川が深い谷を作っています。四国山地は南側の海岸線付近まで迫っているため、四国地方の南部は高知平野を除いて平野がほとんどありません。

　右上の図のように、中国・四国地方は山陰、瀬戸内（山陽と北四国）、南四国の3つに分けることができます。

　瀬戸内海には、大小3000近くの島があります。陸地と陸地の間に挟まれた内海のため、波が穏やかで、九州地方と近畿地方を結ぶ交通路として機能してきました。現在も、旅客フェリーや貨物船がさかんに行き来しています。

[中国・四国地方の
地域区分]

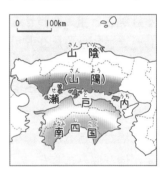

[中国・四国地方の自然]

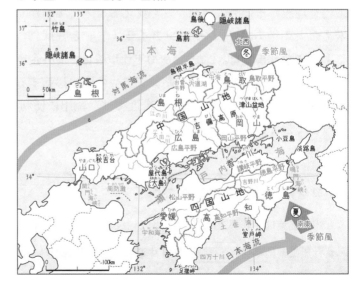

ひとことポイント!

促成栽培で野菜の出荷時期を調整できる

　南四国地方や瀬戸内地方では、温暖な気候を利用して野菜や果物の生産が行われています。ビニールハウスなどを利用して野菜の成長を促し、品薄時期に出荷して利益を出す農業です。これを促成栽培といいます。とくに

高知平野の促成栽培は有名で、ピーマンやなす、きゅうりなどを生産しています。

　山陽地方だけでなく、近畿地方や九州地方、関東地方でも広く販売されています。

　他にも岡山県のぶどう、愛媛県のみかん、鳥取県のなしやメロンも有名です。

② 瀬戸内地方は降水量が少ない

　日本は夏と冬にそれぞれ季節風（モンスーン）の影響を受けます。しかし**瀬戸内地方は、2つの山地に挟まれているため、夏も冬も季節風の影響をあまり受けません。**

　右下の図のように、夏の季節風は高く険しい四国山地にさえぎられ、瀬戸内地方には乾いた風が吹きおろします。一方、冬の季節風は中国山地に阻まれ、夏と同様に瀬戸内地方に乾いた風が吹きおろします。つまり、夏も冬も**フェーン現象**が発生します。フェーン現象とは、山地の風上で雨が多くなり、風下で雨が少なくなる現象です。6月から7月は梅雨前線の影響を受けて雨が多くなりますが、瀬戸内地方は、それでも**他の地域と比べると年降水量が少なくなります。**

　瀬戸内地方は晴天の日が多い地域です。そのため屋外で製造することが多い造船業は、古くから瀬戸内地方が中心でした。しかし水不足になりやすく、稲作よりも畑作が中心となり、かんがい用の**ため池**などもみられます。ため池といえば、かつて空海によって改修された満濃池（香川県）が有名です。

[**主な都市の気温と降水量**]

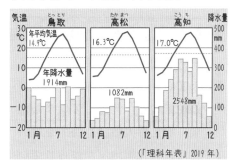

（「理科年表」2019年）

[**中国・四国地方の季節風の様子**]

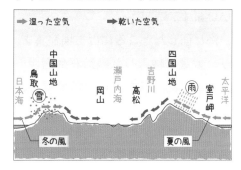

✏ コレだけはおさえておこう！

・中国・四国地方は　①　、瀬戸内、南四国の3つに区分される。

・瀬戸内地方は、夏も冬も　②　現象の影響を受けて、年降水量が少ない地域である。

56 交通網が発達したのはどうして？
——中国・四国地方の産業

ここが大切！

❶ 瀬戸内地方に集まる人口が経済を動かす！
❷ 交通網の発達で人々は移動するようになった！

1 瀬戸内地方に集まる人口が経済を動かす

瀬戸内海では、海上交通が発達しています。もともと、古くから製塩業や造船業などが発達していましたが、第二次世界大戦後、海岸を埋め立てて広大な工業地域が作られていきました。これを瀬戸内工業地域といいます。

海に面したところには工場が集まり、大量に輸入した鉄鉱石や石炭、原油、天然ガスなどの鉱産資源を、工業製品に加工して輸出する加工貿易が行われています。工業製品は国内にも輸送されます。

石油化学工業や製鉄業、自動車工業などの重化学工業が発達したと

[瀬戸内工業地区でさかんな工業]

主な工業
（赤字は主な製品）
🚗 自動車
🚢 鉄鋼
🏭 石油化学
⛴ 造船
🏭 化学
● その他
（工業生産額 3000 億円以上）

（平成29年　工業統計表　ほか）

ろには、石油化学コンビナートが作られました。石油化学コンビナートとは、関係性を持つ工場を港湾などにまとめた地域のことで、石油に関する工場が互いにパイプラインで結ばれ、原燃料をかんたんに輸送することができます。コンビナートでは、原油の精製から、石油製品に加工するまで、すべてを行います。瀬戸内地方は、こうして雇用機会が増加し、とくに広島県、岡山県では、人口が非常に多くなっています。広島市や岡山市といった政令指定都市（右ページのひとことポイント！参照）をはじめ、高松市や松山市などの県庁所在地は城下町を起源として発展してきました。

政令指定都市

政令指定都市は、法律上「人口50万以上の市」とされていて、都道府県が持つ権限の一部を持っています。日本には政令指定都市が20都市あり、政令指定都市になると、行政区を設けることができます。

行政区とは、たとえば、横浜市「港北区」のように「市」の次に「区」で分類される住所がそうです。現在、20ある政令指定都市に生活する人々は、日本の人口の約20％います。

② 交通網の発達で人々は移動するようになった

　中国地方の東西には、中国自動車道が走っています。また、中国地方と四国地方を南北に結ぶ３つの**本州四国連絡橋**が建設されて、山陰と瀬戸内、南四国と瀬戸内も高速道路で結ばれています。山地を越えて移動することは大変ですが、こうして**道路で結ばれることによって、人、物、お金、サービスの移動が活発**になっていきました。

　とくに中国・四国地方の人にとって、岡山県倉敷市と香川県坂出市を結ぶ**瀬戸大橋**（瀬戸中央自動車道と JR 線からなる２階建て構造の橋）の開通は悲願でした。1988年に瀬戸大橋が開通する前は、鉄道と船を利用して移動に約２時間もかかっていて、天候が悪いときは船が欠航するなど、非常に不便でした。それが、瀬戸大橋の開通によって約１時間で移動できるようになったのです。

　2006年には、西瀬戸自動車道（しまなみ海道）が全線開通したことで、海道沿いの島々ではさまざまな観光業が発達しています。

　徳島県は**大鳴門橋**と**明石海峡大橋**が開通し、神戸や大阪への移動時間が短縮されました。山陰、瀬戸内、南四国の３地域間だけでなく、近畿地方へのアクセスが飛躍的によくなったことで、今後も経済の活性化が期待されています。

　しかし、負の側面もあります。都市部と農村部の移動にかかる時間が短縮したことで、**ストロー現象**が生じているところもあります。ストロー現象とは、大都市に人が吸い寄せられる現象のことで、交通手段が向上することによって発生することがあります。

コレだけはおさえておこう！

・瀬戸内地方では古くから 　①　 交通が発達し、近年では道路網の整備が進んで、経済活動が活発になった。

・中国・四国地方で人、物、お金、サービスの移動が活発になったきっかけに、1988年に開通した岡山県と香川県を結ぶ 　②　 がある。

答え ①海上 ②瀬戸大橋

57 水はどこからきている？

——近畿地方の自然環境

> **ここが大切！**
>
> ❶ 琵琶湖の水が京阪神大都市圏を支えている！
>
> ❷ 近畿地方の自然環境を3つに分けて理解する！

1 琵琶湖の水が京阪神大都市圏を支えている

京阪神大都市圏とは、京都、大阪、神戸を中心に広がる人口集中地域で、約1300万人（2016年）の人々が生活しています。**淀川は琵琶湖から流れ出た河川**であり、大阪平野を流れて大阪湾へと流れています。周辺に暮らす人々は、古くから淀川から得られる水を利用していました。

琵琶湖の水をきれいに保つことは、近畿地方の人にとって重要な課題でした。しかし、高度経済成長期から、琵琶湖の**環境問題**が取りざたされるようになりました。生活排水や工場廃水が流れ込み、水中にプランクトンが大量発生する赤潮が発生するようになったのです。

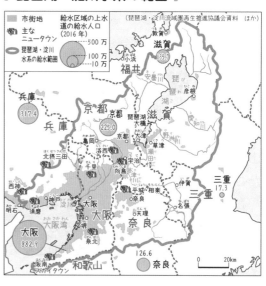

**京阪神大都市圏と
琵琶湖・淀川水系の範囲**

人口が増加した京阪神大都市圏では、周辺の山地を切り拓いて千里・泉北・須磨といった**ニュータウン**が建設されました。山がちな神戸市では、山地を切り拓いて出た土砂を、海の埋め立てに利用して市街地を広げました。しかし、こうした人口増加や工業発展によって淀川の環境問題も発生するようになりました。

淀川水系は運河が張りめぐらされ、交通路としても利用されてきました。「道頓堀」の名前で有名な道頓堀川は、安井道頓によって建設されたものです。こうした交通路も利用して、大阪は**「天下の台所」**といわれるほどに商業の中心地として発展してきました。

日本のニュータウン

ニュータウンは、イギリスで生まれたもので、「新しい市街地」という意味です。イギリスでは、ロンドンの市街地が無秩序に拡大することを防止するために、郊外にグリーンベルト（緑地帯）を設け、その外側にニュータウンを建設しました。

ニュータウンは、さまざまな職場と住宅地が混在する地域で、ニュータウン内で仕事と生活が完結するものでした。

日本でもニュータウンの概念が導入されたものの、基本的には生活の場だけが作られ、そこから違う場所に通勤する「職住分離」の性格をもつニュータウンが増えました。

2 近畿地方の自然環境を3つに分けて理解する

近畿地方は、北部・中央部・南部の3つに区分されます。

北部は中国山地から丹波高地にかけてのなだらかな山地、南部は高く険しい紀伊山地、中央部は南北の山地に挟まれた平野部が広がります。

紀伊山地が**夏の南東季節風**をさえぎるため、山地の南側は非常に降水量が多くなります。そのため森林が見られ、すぎ、ひのきなどの樹木を生産する林業がさかんです。森林には川に栄養分を送ったり、下流での洪水を防止する役割があり、その保全に注目が集っています。

[近畿地方の自然]

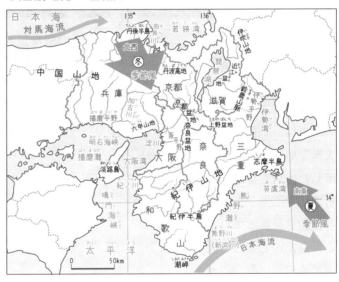

北部は**冬の北西季節風**がもたらす湿った空気の影響で、雪が多い地域です。そのため山沿いには多くのスキー場があります。海岸線付近まで山地があるため、海岸線が複雑に入り組んだ**リアス海岸**が広がります。中央部は、山地に囲まれた平坦な地で、大阪平野などの平野が広がります。琵琶湖から流れてくる淀川があり、ところどころに盆地が見られます。

コレだけはおさえておこう！

・京阪神大都市圏で生活する人々は、 ① から流れる淀川の水を利用して生活している。

・紀伊山地の南側では、夏の ② 方向から吹いてくる季節風の影響で降水量が多くなる。

PART **5**

日本の諸地域

PART 5 ▶ 日本の諸地域

58 中小企業と観光地に注目！

——近畿地方の産業

ここが大切！

① 近畿地方には中小企業の工場がたくさん！

② 京都と奈良は観光資源が豊富！

1 近畿地方には中小企業の工場がたくさん

近畿地方では、大阪湾の沿岸部を中心に**阪神工業地帯**が作られ、日本の工業を支えています。この地方は、戦前から繊維工業を中心に発展してきました。現在は鉄鋼業や石油化学工業などの重化学工業も発展しています。こうしたことから、大阪湾の沿岸部は働き口が多く、人口が集まって大都市が形成されています。経済活動は大阪を中心に

[阪神工業地帯の主な工業と出荷額]

周辺の府県へと拡大していて、人や物の移動が見られます。

阪神工業地帯には、多くの中小企業の工場が集まっています。これらの工場では、日用品などの生活必需品や精密部品を作っています。中小企業とは、資本金が3億円以下、または従業員数が300人以下の企業のことです。東大阪市の製造業では、従業員数が1〜4人の企業が半分を占め、30人未満の企業では約90％を数えます。

大都市郊外では、生花や野菜などを栽培する近郊農業がさかんです。人が集まる大都市に向けて短時間で出荷することができるため、朝に収穫して新鮮なまま出荷できるという利点が得られるからです。とくに賀茂なす、九条ねぎなどは伝統野菜として人気です。

古くから受け継がれる**伝統的工芸品**も有名です。かつて大阪や奈良、京都には都があっ

職人がつむぐ西陣織

　西陣織は、京都に伝わる先染め織物です。西陣とは、1467年からはじまった応仁の乱の際、山名宗全が率いる西軍が本陣を置いたことにちなんで名づけられた地名です。この地は、平安時代以前から織物生産の中心地として知られていました。

　「西陣」というブランドが確立されたのは、16世紀頃だといわれていて、当時の富裕層に人気があったそうです。

　機械による大量生産ではなく、職人による多品種少量生産を基本としているため、非常に高価な品物です。

たため、貴族文化が受け継がれました。西陣織や京友禅などはよく知られた織物です。こうした伝統的工芸品は現在にも受け継がれ、職人たちによって生産されています。

② 京都と奈良は観光資源が豊富

　かつて、奈良や京都には都が置かれていました。奈良には710年に平城京が、京都には794年に平安京が作られましたが、現在もその名残が見られます。

　たとえば、京都市の地図を見ると、碁盤の目のように区切られていることがわかります。

　奈良時代には、仏教によって国を守るという考えかたがあったため、僧の活動が保護されました。その頃に建立された東大寺や唐招提寺などの寺院は、今も残っています。これらは**観光資源となって、多くの観光業が発達しています**。京都市と奈良市の文化財の多くは、歴史的価値が認められ、**世界遺産**に登録されています。

　京都に作られた平安京では、ここで生活する天皇が南を向いて右側（西側）が右京、左側（東側）が左京と決められました。このことから、京都市では西側に右京区、東側に左京区が制定されています。

　京都市の街並みは観光資源となって、世界各地から多くの人々が訪れています。そのため、京都市では、歴史的に形成されてきた街並みを損なわないように、さまざまな条例で規制が設けられています。

PART
5

日本の諸地域

✎ コレだけはおさえておこう！

・阪神工業地帯には多くの　①　企業の工場が存在する。

・近畿地方には、西陣織や京友禅の織物といった　②　が発達している。

・平城京があった奈良や、平安京があった　③　には、今でもその名残があり、街並みや寺院は観光資源となっている。

59 北陸・中央高地・東海の違いは？
——中部地方の自然環境

ここが大切！

❶ 中部地方は３つの自然環境に区分できる！

❷ 中部地方には「日本の屋根」がある！

1 中部地方は３つの自然環境に区分できる

中部地方は、日本海側、内陸の中央部、太平洋側の３つに区分されます。

日本海側は**北陸地方**といい、冬の**北西季節風**の影響から雪の多い地域です。北西季節風は、ユーラシア大陸から吹き出す乾いた風ですが、対馬海流の上空を通るときに湿った空気となって日本列島に吹いてくるため、雪が降ります。北陸の平野では**稲作**がさかんで、新潟県魚沼産コシヒカリのように、味のいい米の品種（**銘柄米**）が開発されています。

太平洋側は**東海地方**といい、**夏の南東季節風**の影響で降水量が多くなります。海から吹く南東季節風が、湿気を多く含んでいるためです。また冬も比較的温暖で、丘陵地などでは果物栽培が、水はけのよい台地では**茶**の栽培が、それぞれ行われています。ガラス温室やビニールハウスを使った**施設園芸農業**も多く見られます。

中央部は、海からの距離が離れているため、湿った空気が届きにくい地域です。そのため気温の年較差が大きくなります。また日本アルプスと呼ばれる、飛驒山脈、木曽山脈、赤石山脈が連なり、標高が高いため、夏でも比較的涼しくて過ごしやすい地域です。このあたりは**中央高地**と呼ばれ、とくに長野県は避暑地としてにぎわっています。レタスやキャベツなどの**高原野菜**が生産され、関東などの大都市に出荷されています。

[中部地方の地域区分]

[主な都市の気温と降水量]

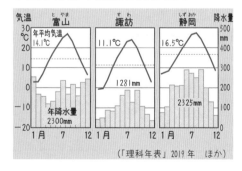

（「理科年表」2019 年　ほか）

洪水被害を防ぐ輪中

古くからよく氾濫を起こしてきた木曽三川（木曽川、長良川、揖斐川）の下流域では、集落をまるごと堤防で囲い込むことで洪水の被害を防いでいました。水屋は石垣の上に建設して、床下・床上浸水にならないように工夫していました。

このような堤防で囲まれた集落を輪中といいます。普段は倉庫として利用されていた水屋は、周辺よりも一段高く建設されたもので、河川の氾濫時の避難家屋として利用しました。そこには非常食や水害時の移動手段である小さい舟が常備されていました。

② 中部地方には「日本の屋根」がある

中部地方は、近畿地方と関東地方に挟まれた位置にあります。日本アルプスの3つの山脈だけでなく、富士山や浅間山などの火山も見られます。この地域は非常に標高が高いため、**「日本の屋根」**と呼ばれています。

[中部地方の自然]

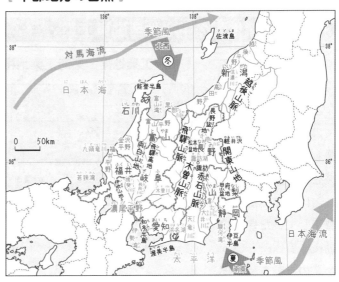

今でこそ交通網が整備されましたが、「日本の屋根」は古くから人々の交通の妨げとなってきました。そのため北陸地方、中央高地、東海地方では、独自の文化や産業が作られました。

「日本の屋根」からは、多くの河川が流れ出ています。太平洋に注ぐ富士川や天竜川、木曽川、日本海に注ぐ信濃川、黒部川などです。高いところから流れるこれらの河川は、急流が多く、土砂を運ぶ力が強いです。こうして運ばれた土砂が堆積してできたのが、濃尾平野や越後平野、富山平野などの平野です。平野では古くから米づくりがさかんに行われ、豊富な水を利用して酒を作る仕事が生まれました。

✏ コレだけはおさえておこう！

・北陸地方は、　①　季節風の影響で冬は雪が多くなる。

・中央高地は、内陸部に位置していることから、気温の年較差は　②　。

・東海地方は、南東季節風の影響で夏に多雨となるため、水はけのよい台地では　③　などが栽培されている。

答え　①北西　②大きい　③茶　　127

PART
5

日本の諸地域

60 産業の違いは自然環境の違い！
——中部地方の産業

ここが大切！

❶ 中京工業地帯の中心は自動車工業！
❷ 自動車も楽器も作る東海工業地域！

1 中京工業地帯の中心は自動車工業

中部地方はかつて、綿花の生産や綿織物などの繊維工業で栄えました。そこで発達したのが、織物機械を作る技術です。

実は、織物機械を製造していた豊田自動織機製作所という企業の自動車製造部門が独立したのが、

[中京工業地帯・東海工業地帯でさかんな工業]

現在のトヨタ自動車です。**そのため愛知県は豊田市を中心に自動車や自動車関連工業が発達しています。**

　自動車は、数万点におよぶ部品を組み立てて完成するため、**自動車組み立て工場の周辺には、部品を作る工場が集まっています。**自動車の部品には鉄板やプラスチックなどもあるため、愛知県東海市の鉄鋼業、三重県四日市市の石油化学工業などとも連携しています。

　完成した自動車は、高速道路を通って名古屋港まで運ばれ、海外へ出荷されます。名古屋港では、自動車や自動車部品、内燃機関（ガソリンエンジン）などが貿易の上位です。自動車産業とかかわりを持つ先端技術産業も、**中京工業地帯**の主力産業として存在します。こうして発達した中京工業地帯は、日本最大の工業製品出荷額を誇ります。

　中京工業地帯では、古くから陶磁器の生産もさかんでした。良質な粘土がとれることから発達したのですが、最近では、陶磁器生産で培った技術で、ファインセラミックスという新素材を生産しています。これは自動車部品や電子部品などに利用されています。

養蚕から果樹栽培へ

中央高地の甲府盆地や長野盆地には、扇状地が広がっています。

明治から昭和にかけては、蚕を飼って生産する養蚕がさかんだったため、このあたりの扇状地には蚕のえさとなる桑の畑が多くあり

ました。しかし、化学繊維が普及するようになると、蚕のまゆから生糸を作る製糸業が少なくなり、現在ではりんごやぶどう、ももなどの果樹栽培がさかんです。

大都市からの近さを活用して、ぶどう狩りやりんご狩りを行う観光農園も見られます。

2 自動車も楽器も作る東海工業地域

東海工業地域は浜松市や富士市など、静岡県の太平洋岸に広がります。浜松市は天竜川の河口に位置していて、上流で伐採した木材を天竜川の水運で流し、河口付近で受け取り、それを材料として製材や木材加工が発達していました。オルガンやピアノなどの楽器生産などが代表例です。

木材は織物機械や木工機械の材料として利用されるようになりました。そこで織物機械を利用して、古くから繊維工業が発達したのです。太平洋戦争がはじまると、これらの工場は軍用飛行機の部品工場へと転用され、後にその技術を利用してオートバイや自動車を生産するようになりました。また富士山のふもとでは、豊富な水を利用して、製紙・パルプ工業が発達しました。

浜松市では**先端技術産業**の発達も見られ、医療や通信機器などに利用される光学製品が生産されています。

日本海側の北陸地方でも、工業が発達しています。小千谷ちぢみや輪島塗、加賀友禅などの伝統的工芸品は有名です。これらは地元の資本と労働力を利用した**地場産業**となっている例が多いようです。また福井県鯖江市ではめがねフレーム製造で知られています。

✎ コレだけはおさえておこう！

・中京工業地帯の主力産業は ① 工業である。

・中京工業地帯は、 ① 工業が発達する以前は、良質な粘度がとれることで、古くから ② の生産がさかんであった。

・北陸では小千谷ちぢみや輪島塗、加賀友禅などの伝統的工芸品が有名で、これらは地元の資本と労働力を利用した ③ となっている例が多い。

答え ①自動車 ②陶磁器 ③地場産業

61 夏はジメジメ、冬はカラカラ！
──関東地方の自然環境

1 関東平野は日本で一番広い平野

関東平野は日本で最も広い平野で、関東地方の約半分を占めます。北側を越後山脈、阿武隈高地、西側を関東山地に囲まれ、日本最大の流域面積をもつ利根川、多摩川や荒川などの河川が多く流れています。こうした河川沿いにできた低地では水が得やすいため、水田に利用されてきました。

関東平野には、台地も広がっています。台地は、浅間山や富士山などの火山灰が積もってできた赤土（関東ローム）におおわれています。台地は水が浸透しやすいため、土地の保水力がなく水田よりも畑として利用されます。今では開発が進んで、住宅地や工場用地などにも利用されています。

[関東地方の自然環境]

関東平野の開発の歴史は、江戸時代から本格化しました。1603年、徳川家康によって江戸に幕府が開かれると、広く湿地が広がっていた関東平野の土地改良が進み、水田が開かれて人口が増えていきました。

土地が平坦で広いほど、人々の行動範囲が広がります。関東平野は日本で最大の広さがあるため、人々の往来が活発です。物を売ったり買ったりする機会が増えると、たくさんの仕事を生み出し、そこで働く人々が増えました。現在の関東地方には約4000万人が暮らします。日本の人口の約3分の1が関東平野に集中していることになります。

ヒートアイランド現象

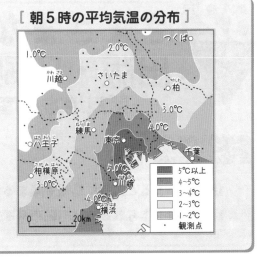

[朝5時の平均気温の分布]

　都市周辺よりも中心部の気温が高くなる現象を、ヒートアイランド現象といいます。
　ヒートアイランド現象は、気温の上昇をおさえる水面・緑地の少ない地域や、人口が集中してエアコンなどの排熱や自動車の排ガスが多い地域で起こります。建物の高層化や密集化で風の流入が妨げられることでも起きてしまいます。都市化が進むほど、ヒートアイランド現象が発生するようになるのです。

② 関東地方は気温と降水量の年較差が大きい

　関東地方は、典型的な太平洋側の気候、つまり**夏と冬で気温と降水量の差が大きい気候**です。夏は、太平洋側から吹いてくる南東季節風の影響で雨が多くなり、非常に蒸し暑くなります。内陸部になるほど高温となり、埼玉県熊谷市は2007年8月16日に40.9℃を記録したことがあるほどです。山沿いでは大気が不安定になりやすく、雷雨が見られることもあります。海沿いでは、日本海流の影響で冬でも0℃を下回ることはほとんどありませんが、気温の年較差は非常に大きくなります。

[主な都市の気温と降水量]

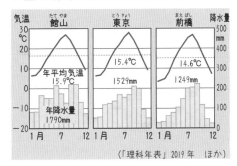

（「理科年表」2019年　ほか）

　降水量の年較差も大きい地域です。夏に降水量が多くなる一方、冬は降水量が少なくなります。これは冬の北西季節風が山地を越えて関東平野にくるとき、乾いた風となって吹きつけるからです。この風は**からっ風**と呼ばれて、冬において湿度を下げる要因となります。

コレだけはおさえておこう！

・関東平野は日本で最も大きい平野であり、日本最大の流域面積をもつ ［ ① ］ 川、多摩川、荒川などが流れていて、古くから人々はこれらの河川から水を利用してきた。

・関東平野は、富士山などからの火山灰が積もった赤土（ ② ）におおわれて、ところどころ台地となっている。

・関東地方は、冬に季節風の風下となるため降水量が ［ ③ ］ 。

PART
5

日本の諸地域

62 さまざまな工業と出版・印刷業に注目！
——関東地方の産業

ここが大切！

❶ 人が集まるところに情報も集まる！

❷ 北関東で作られるのは自動車や電気機械！

① 人が集まるところに情報も集まる

[関東地方の主な工業]

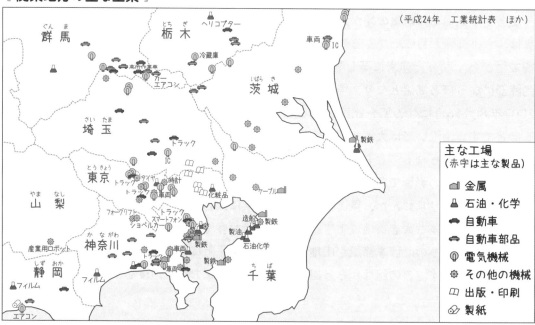

（平成24年　工業統計表　ほか）

主な工場
（赤字は主な製品）

- 金属
- 石油・化学
- 自動車
- 自動車部品
- 電気機械
- その他の機械
- 出版・印刷
- 製紙

　日本の政治や経済の中心となる東京は、人口が最も多くなります。ありとあらゆる情報が集まるため、テレビ局やラジオ局、新聞社、出版社などがあります。さらに新聞社や出版社は、印刷物を販売するため、印刷工場も作られます。このように、東京都、神奈川県、埼玉県、千葉県にまたがる**京浜工業地帯**では、**出版・印刷業が発達しています。**

　またパソコンやインターネットに関連した、**情報技術（IC）産業**も発達しました。テレビやラジオ、新聞、雑誌に加えてインターネットが登場したことで、これまで一部の人たちに限定されていた情報発信が身近になり、映像制作に関連した産業も発達しました。

　アニメやゲームなどの産業もさかんで、日本だけでなく海外からもクリエーターが集

人口と機能が集中する東京大都市圏

日本の首都である東京では、高度経済成長とともに人口が増えました。神奈川県や埼玉県、千葉県、茨城県など、都心から約50km圏内に広がる東京大都市圏は、日本最大の都市圏です。東京大都市圏には、横浜市、川崎市、千葉市、相模原市、さいたま市の5つの政令指定都市があり、人口が集中して過密に

なっていることから、通勤ラッシュやゴミの増加といった都市問題も発生しています。その一方で、都市部に若い人たちが流出した農村や山間部では人口が著しく減少する過疎が問題になっています。

東京には国会議事堂や中央官庁、最高裁判所などがあり、日本の政治・経済の中心になっていることから、東京から各地へ広がる交通網で日本中と結ばれています。

まってきます。テーマパーク、東京モーターショーなどが行われる展示場、美術品を展示する博物館などもあり、観光客が多く訪れます。こうしたサービス業は第三次産業に分類され、東京都は**第三次産業従事者**の割合が高くなっています。

関東地方では京浜工業地帯だけでなく、京葉工業地域や鹿島臨海工業地域、北関東工業地域も作られています。日本で最も人口の多い地方であるため、食料需要が高く、関東地方には食品にかかわる工業も発達しています。

2 北関東で作られるのは自動車や電気機械

関東地方の工業地帯のひとつに、**京葉工業地域**があります。京葉工業地域は、東京から千葉へまたがる工業地域で、船で輸入した原油を燃料として石油化学工業が発達しています。東京湾岸が埋め立てられ、埋め立て地には製鉄所、火力発電所などが作られています。

最近では**北関東への工場進出**も見られるようになりました。北関東はもともと、繊維工業が発達していた地域でした。就業機会を増やすために、県や市町村が工業団地を作って企業を積極的に誘致したのです。

関越自動車道や東北自動車道などのインターチェンジの近くでは、先端技術産業が発達しています。これは製品の値段が高いことから、輸送費にお金をかけても十分な利益を出すことができるためです。東京よりも地価が低く、広い用地が取得しやすいという利点もありました。こうして形成された**北関東工業地域**には、自動車や電気機械などの生産工場が集まっています。しかし北関東工業地域では労働力不足となり、日本人だけでなく、外国籍の日系人も一緒に働いています。

コレだけはおさえておこう！

・京浜工業地帯では、｜ ① ｜・印刷業が発達している。

・東京都は｜ ② ｜産業に従事する人の割合が高い。

・北関東工業地域では、｜ ③ ｜や電気機械の生産が発達している。

PART
5
日本の諸地域

63 まわりはほとんど山地！？

——東北地方の自然環境

ここが大切！

❶ 東北地方を山地が縦断する！

❷ 東西で海岸線が異なる！

1 東北地方を山地が縦断する

　東北地方は、本州の最北に位置して、南北に長く広がる地域です。東北地方の中央部は**奥羽山脈**が縦断しています。奥羽山脈の西側には出羽山地や白神山地、東側には北上高地や阿武隈高地が南北にのびています。ところどころに火山があり、火山の噴火でできた湖も見られます。これは**カルデラ湖**といって、十和田湖などが知られています。火山の周辺には温泉が数多く存在し、地元経済の重要な観光資源となっています。

　奥羽山脈は、出羽山地との間に横手盆地、北上高地との間には北上盆地をそれぞれ形成します。盆地には市街地が形成され、それらを結ぶ交通網が発達しています。山地から流れ出る河川が下流で平野を作っているため、山がちな東北地方では、こうした盆地や平野に人口が集中しています。

　東北地方は日本の他の地域に比べて緯度が高いため、気温が低い地域です。また**奥羽山脈を境に、太平洋側と日本海側で気候環境が異なります。**日本海側は対馬海流と北西季節風の影響で、冬は降雪量が多くなります。太平洋側は北西季節風の風下になるため、日本海側よりは冬の降雪量は少なくなります。また夏は、寒流の千島海流の影響で**やませ**と呼ばれる冷たい風が吹き、冷夏となることがあります。

[**東北地方の自然**]

[**東北地方の地形と風の様子**]

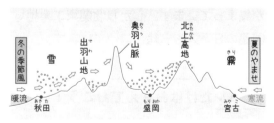

三陸沖で発生する地震

三陸海岸沖の海底には、南北に長く日本海溝が縦断しています。海溝は水深が6000m以上にもなる深い溝で、日本列島側のプレートと太平洋側のプレートの境界に位置します。海溝が見られるプレートの境界では、地震が起きやすくなります。そのため三陸沖では、日本海溝の周辺で古くから地震が発生していました。最近では2011年3月11日の東北地方太平洋沖地震が知られています。地震が発生すると、津波が発生し、周辺地域に大きな被害をもたらすことがあります。

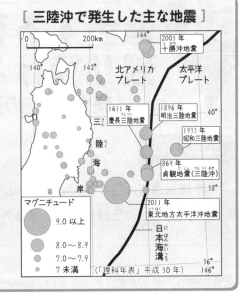

[三陸沖で発生した主な地震]

② 東西で海岸線が異なる

東北地方は、日本海岸と太平洋岸で海岸線が異なる形をしています。太平洋岸は入り江が連続して展開する**リアス海岸**が発達して複雑な海岸線となっています。一方の日本海岸は海岸線付近に平野が広がり、砂浜が続く単調な海岸線をしています。

太平洋岸に発達したリアス海岸は、陸地が沈んだり海水面が上昇したりすることで形成されます。山地に挟まれて平坦だったところは海の下に沈んでしまい、山地や台地といった高いところだけが陸地として残ります。そのため、海岸線が複雑になるのです。しかしリアス海岸では波が穏やかで水深が深いことから、漁港の建設に適しており、**養殖漁業**が行われています。とくにこんぶやわかめ、かきの養殖が有名です。

リアス海岸は、狭い入り江の奥は浅くなっていくことから、津波が発生すると波が高くなります。そのため津波で大きな打撃を受けてしまいます。

日本海岸に発達した海岸平野は、陸地が隆起したり海水面が低下したりして形成されます。平野が広がるため、人々の往来が活発化し、人口が集中して都市が発達します。能代市、秋田市、由利本荘市、酒田市、鶴岡市などが代表例です。

PART 5

日本の諸地域

✎ コレだけはおさえておこう！

・東北地方は中央部を縦断する ① 山脈によって東西で異なる気候を示す。

・太平洋岸では、夏に ② の影響で冷夏となることがある。

・太平洋岸の海岸線は、 ③ 海岸が発達して複雑な海岸線を示す。

64 進歩する稲作と、残り続ける伝統的工芸品！
――東北地方の産業

ここが大切！

① 東北地方は日本最大の米の生産地！
② 東北地方の伝統的工芸品は海外でも人気がある！

---

1 東北地方は日本最大の米の生産地

　東北地方は、国内最大の米の生産量を誇る地域です。秋田平野や庄内平野、仙台平野などが米の生産地として知られ、秋田県のあきたこまち、宮城県のひとめぼれ、山形県のはえぬきなどが有名です。東北地方で生産された米は、東京などの大都市へと出荷されています。しかし、まれに東北地方は**冷夏に悩まされる**ことがあります。

　梅雨前線が日本海側へ抜けると、梅雨明けとなります。しかし、例年以上に梅雨前線の影響が長引くことがあります。そのとき、東北地方を中心に、冷たく湿った北東の風が吹きつけます。**やませ**と呼ばれるこの風は、霧や雲を多く発生させるため、太陽エネルギーをさえぎって日照時間が短くなります。これによって気温の低い日が続き、冷夏になるの

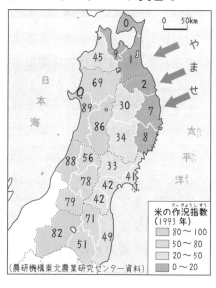

[1993年の米のとれ具合]

米の作況指数
（1993 年）
- 80～100
- 50～80
- 20～50
- 0～20

（農研機構東北農業研究センター資料）

です。冷夏になると稲が十分に育たなくなって、収穫量が減ってしまいます。これを**冷害**といいます。1993年には、「平成の米騒動」（右ページの **ひとことポイント！** 参照）と呼ばれるほど米の収穫量が減りました。

　日本では、高度経済成長期に生活水準が向上して、食生活が大幅に変化しました。肉類や乳製品などの需要が高まり、米の消費量が減り、余るようになりました。米余りによる価格の下落を防ぐために、生産量を減らす**減反政策**がとられました。東北地方の米農家では、麦や大豆などの他の作物への転作を進めると同時に、冷害に強く、おいしい米の開発が進められました。

1993年、日本は記録的な冷夏による米不足が生じました。これは「平成の米騒動」と呼ばれました。1951年以降、はじめて梅雨明けが発表されることなく、日照不足と長雨によって米が育ちにくくなり、米不足が深刻化したのです。日本人の米の需要は約1000万トンでしたが、収穫量は800万トンほどしかなく、米の価格が上昇しました。

困った日本は、タイや中国、アメリカ合衆国などから米の緊急輸入をしましたが、輸入米に対する不信感が根強くありました。翌年は全国的に暑い夏になったため米も豊作で、「米騒動」は沈静化しました。

日本は、これをきっかけに、世界各国からの米の貿易自由化の要求をのむこととなりました。

② 東北地方の伝統的工芸品は海外でも人気がある

東北地方は、日本でも有数の積雪量が多い地域です。**冬の間は農作業ができないため、家内工業（自宅で作業する工業）として工芸品が作られてきました。**津軽塗や会津塗の漆器、木工品の天童将棋駒、南部鉄器などが知られています。これらの多くは地元で調達できる材料を使っているところに特徴があります。これらの中には、国から伝統的工芸品として指定されているものもあります。

伝統的工芸品は、職人による手作りであるため、技術の継承は重要課題です。さらに大量生産による安い製品や中国などの海外からの輸入品に押され、存在感を出すことが難しくなっています。そこで、南部鉄器はデザインに工夫を凝らし、ガスコンロやIH調理器などでも使える製品を作るなど、その存在感を示そうとしています。

伝統的工芸品は、国内だけでなく、国外への出荷も増えてきています。地元の資本や労働力、材料などを活用して生産する産業を**地場産業**といいますが、東北地方の地場産業はこれからも、時代や社会の変化に対応しつつ、常に生まれ変わっていくのです。

［東北地方のさまざまな 伝統的工芸品］

秋田県	岩手県
大館曲げわっぱ	南部鉄器
山形県	宮城県
天童将棋駒	宮城伝統こけし

PART
5

日本の諸地域

✎ コレだけはおさえておこう！

・東北地方は日本で最も米の生産量が多い地域であるが、 ① になると米の生産量が減る。

・東北地方の ② の生産は、冬の間の家内工業として発達した。

65 北海道はでっかいどう！

——北海道地方の自然環境

> **ここが大切！**
>
> ❶ 北海道は夏が短く、冬が長い！
> ❷ 大きさは日本の国土面積の約2割！

1 北海道は夏が短く、冬が長い

東北地方の一部でもみられますが、北海道は全域で**亜寒帯（冷帯）気候**が展開します。亜寒帯気候は、最も寒い月の平均気温がマイナス3℃を下回り、最も暖かい月の平均気温が10℃を上回るため、冬の寒さが厳しくなり、気温の年較差が大きい気候です。

北海道の人々は、厳しい寒さに対応すべく、工夫された住居で暮らしています。玄関や窓は二重にして、壁には断熱材を入れることで寒さが住居内に入らないようにしているのです。

[北海道の気候]

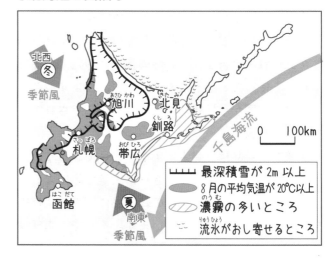

最深積雪が 2m 以上
8月の平均気温が 20℃以上
濃霧の多いところ
流氷がおし寄せるところ

北海道は、梅雨の影響をほとんど受けない地域です。毎年6月から7月にかけて、日本列島は梅雨前線におおわれます。この時期を梅雨と呼んでいますが、梅雨の時期が終わると、梅雨前線は日本海側に抜けていくため北海道への影響が小さくなります。そのため本州のようなジメジメした気候ではなく、非常に過ごしやすい季節となります。

日本海側は冬の北西季節風の影響を受けて、積雪量が多くなります。また気温が低いため、積雪量も多くなる地域です。太平洋側では、夏は南東季節風の影響を受けますが、沖合を流れる千島海流（親潮）が寒流であるため、その上空を通過する南東季節風は冷やされます。そのため夏でも気温はそれほど上がらず、まれに濃霧が発生することもあります。このように北海道は、**夏が短く、冬が長い**ということを理解しておきましょう。

流氷が見られる北海道

ひとこと
ポイント!

　北海道のオホーツク海沿岸では、冬になると流氷が見られます。流氷の上には、ときにはアザラシなどが乗っていることもあり、ニュースになっています。

　流氷は、北海道の貴重な観光資源となっていて、船の上から流氷を間近で観察すること

ができます。

　114ページで述べたように、沖縄ではサンゴ礁を見ることができます。このように、流氷とサンゴ礁がひとつの国の中で見ることができるのは、日本とアメリカ合衆国くらいしかないといわれています。それほど、日本という国が南北に長く広がっていることがわかります。

②　大きさは日本の国土面積の約2割

　北海道の面積は、**約8万3000km²**です。これは九州の約2倍、四国の約4倍の大きさで、**日本の国土面積の約2割を占めています。**

　津軽海峡を挟んで本州と、宗谷海峡を挟んで樺太と、それぞれ向き合います。北海道の東部には**北方領土**があり、ロシアとの間で領土問題を抱えています。

　北海道の中央には、日高山脈や北見山地などの山地が南北に走り、中央部には石狩山地がそびえています。このように南北方向に山脈が連なっていることから、**気候や生活環境、土地利用がこれを境に東西で異なっています。**

[**北海道地方の自然**]

　北海道は面積が大きいため、内陸に位置する旭川市は暖まりやすく冷めやすい内陸性気候です。そのため気温の年較差が大きいのが特徴です。1902年1月25日、旭川市で記録されたマイナス41.0℃は、日本の観測史上で最も低い気温です。

✏ コレだけはおさえておこう！

・北海道地方は、日本で唯一、[　①　]気候に属する地域である。

・北海道地方は、[　②　]の影響をほとんど受けないため、6月から7月の降水量が少ない。

・北海道の面積は、日本の国土面積の約[　③　]割を占めている。

答え　①亜寒帯（冷帯）　②梅雨（前線）　③2

66 歴史とともに発展した農業と漁業！
——北海道地方の産業

1 北海道の開拓は明治時代から

北海道には、古くからアイヌの人たちが生活していました。アイヌの人たちは北海道の先住民で、主に漁や狩りをして生活をしていたといいます。アイヌの人たちは独自の言語と文化を持ち、**アイヌ語の地名の多くが、北海道の地名の起源となっています**（右の図参照）。札幌、小樽、室蘭、網走、知床などが有名です。

明治時代になると、北海道に**開拓使**という役所を置き、職をなくした武士の救済を目的に、警備と開拓を担う**屯田兵**がやってきました。屯田兵による開拓は石狩平野の改良からはじまり、畑作や酪農などの農耕地を広げていきました。

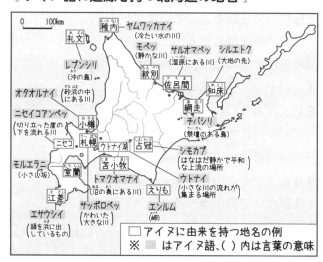

[**アイヌ語に起源を持つ北海道の地名**]

□ アイヌに由来を持つ地名の例
※ ■はアイヌ語、（ ）内は言葉の意味

しかし、**北海道のような亜寒帯（冷帯）気候の地域で米を生産するのは、非常に難しい**ことでした。沼地などに積もって枯れた植物が、分解されないまま炭化した**泥炭地**が広がっていたため、土地が改良されました。さらに北海道では品種改良が重ねられ、寒さに強く、短い生育期間で実る稲が開発されていきます。現在ではゆめぴりか、ななつぼしといった銘柄米が知られています。

海に囲まれた北海道では、都道府県別で見ると水産物の漁獲量が日本一です。以前はロシア沿岸やアラスカ沿岸の海で行われる**北洋漁業**がさかんでしたが、1970年代以降は沿岸漁業や沖合漁業のほか、ほたてやこんぶを育てる**養殖漁業**、さけを人工的に卵からかえ

ひとことポイント！ 北海道の酪農

　北海道は沖合を流れる寒流の影響から、夏でもそれほど気温が上がりません。また濃霧の影響から日が出ている時間が短く、稲作には適しません。そのため、夏の涼しい気候を利用して酪農が営まれています。

　とくに根釧台地では、第二次世界大戦後に未開地を開発して、新しい農業経営の実験農場が建設されました。これはパイロットファームと呼ばれ、根釧台地には酪農を中心とした大規模農場が作られました。

　北海道は東京などの大市場から遠く、かつては乳製品が出荷されていましたが、最近では低温で運べるしくみの確立で、鮮度を保ったまま生乳を輸送できるようになり、酪農はますます成長しています。

して放流する**栽培漁業**などが活発になりました。

②　北海道には世界中から観光客が訪れる

　北海道は、日本でも有数の観光地です。とくに自然の特色を活かした観光産業が知られています。また歴史的な街並みが数多く残っているなど、**国内外を問わず多くの観光客が訪れます。**函館市（当時は箱館）は、江戸時代の終わり頃、鎖国をしていた日本で最初に開港されました。そのため港の近くには倉庫や教会が建設され、今でも観光資源として残っています。

　北海道は夏が涼しいため、避暑地としても人気があります。そして冬になるとウインタースポーツを楽しむために観光客が訪れます。スキーやスノーボードを楽しむ観光客は日本人だけでなく、シンガポールなど熱帯の国からも訪れます。オーストラリアからの観光客が多いのは、日本とは季節が逆であることが背景にあるからです。

　観光客が増加すると、ゴミ問題や環境破壊といった問題が増えます。手つかずの状態で残されていた自然を見るために観光客が訪れ、生態系が乱れるようになったのです。そこで、自然を体験することで、人と自然とのありかたを考える**エコツーリズム**の取り組みが進められるようになりました。エコツーリズムは、地域経済の利益になるだけでなく、環境保全への意識の向上なども期待されています。

✐ コレだけはおさえておこう！

・北海道は、明治時代に開拓使という役所が置かれ、　①　によって開拓が進んだ。

・北海道は国内外を問わず観光客が訪れるが、ゴミ問題や自然環境の破壊といった問題が増えており、人と自然のありかたを考える　②　の取り組みが進められるようになっている。

⊕SDGsって何？

世界や日本について知り、将来のすがたを考えるうえで、知っておくべき指針があります。それが「SDGs」です。ここでは、私たちが地球で暮らし続けていくために達成したいゴールと、それに向けた取り組みについて解説していきます。

● SDGs とは？　17の目標を大きく3つに分けて考える！

　SDGs とは、「Sustainable Development Goals」の略で、「エス・ディー・ジーズ」と読まれます。日本語では、「**持続可能な開発目標**」です。SDGs が初めて登場したのは、2015年9月の国際サミットでのことです。このとき、地球上で「誰一人取り残されない（leave no one behind）」ことを理念として、2030年までに世界各国が取り組むべき目標が17個、169のターゲットが取り上げられました。

　2016 ～ 2030年の15年間で、世界各国が達成すべきゴールが示されました。17の目標は、それぞれバラバラに存在しているのではなく、大きく3つの視点で分類されています。

　「1 ～ 6の目標」は、貧困や飢餓、水、教育など途上国における基礎的な目標を中心に構成されています。「ジェンダー平等」とは、「男だから」とか「女なんだから」といった偏見や不平等をなくそうという考えです。とくに途上国では、家事労働時間が長く、教育が受けられない女性が数多くいます。個々の能力が活かされる社会を作っていこうという世界共通の認識です。

　「7 ～ 12の目標」は、エネルギー問題や経済成長、働きがい、人や国の不平等をなくす、など、先進国だけでなく、民間企業も取り組むべき課題が並んでいます。つまり「誰かに任せる」のではなく、一人ひとりがより良い社会を作り、次世代へつなげていく責任があるのです。

「13 〜 17の目標」は、気候変動、海や陸の豊かさ、世界の平和と公正など、世界規模で考えなければならない課題が並んでいます。

このように、途上国だけでなく先進国においても多くの課題が存在すると考えられ、SDGs を達成するために、世界各国が自ら報告を行っています。

● 日本政府や日本企業の SDGs への取り組みを知る！

実は、SDGs が採択される以前から、それに先がけた動きがありました。

2006年に、当時の国連事務総長が金融業界に対して、**「投資家は、自らの投資によって環境や社会への責任を果たしているかをしっかりと考えるべきである」**と提言しました。企業は、投資家から集めたお金を元に営利活動をします。そして、その過程で得られた利益の一部を投資家に還元します。投資家は、自分の資産を増やすために投資を行いますが、その際に「**環境（Environment）**」、「**社会（Social）**」、「**管理体制（Governance）**」を反映させようという考えが提言されたのです。これらは頭文字をとって「**ESG 課題**」と呼ばれています。ESG 課題に積極的に取り組んでいる企業に投資をしましょう、ということです。SDGs が採択されたことで、同時に ESG 課題も重要視されるようになったのです。

ESG 課題への取り組みを怠ることは、企業にとって大きなリスクを抱えることになりかねません。例えば、**パリ協定**が恒例です。パリ協定とは、2020年以降の国際的な地球温暖化対策のことです。世界の平均気温上昇を、産業革命前と比較して2℃未満に抑えることを念頭に、さらなる努力で1.5℃未満に抑えることを目的として「脱炭素社会」をめざしています。こうしたことを背景に考えれば、化石燃料に頼る企業活動はマイナスになるかもしれないということです。

日本では、2016年5月に「SDGs 推進本部」が設置されました。2017年には第1回ジャパン SDGs アワードが開催されました。また2018年には29の自治体が SDGs 未来都市として選ばれました。こうして、官民ともに、SDGs 達成に向けて行動をはじめています。今後は、みなさんが住んでいる地域もこれまでのありかたとは異なる発展を続けていくのかもしれません。

国連の持続可能な開発目標ウェブサイト：https://www.un.org/sustainabledevelopment/

🗺 地理的なものの見かた・考えかた

中学校で学ぶ地理は、山脈や河川、気候区分の名称や、各地域の農業や工業の特徴を覚えるといった、「丸暗記」の印象を持っている人が多いかもしれません。しかし地理（Geography）とは、本来は「地域を（geo）」、「描く（graphia）」というラテン語が由来とされているので、地域をさまざまな視点で考察し、広い視野で物事をとらえていくことが必要です。

● 家屋の色から見えてくることって？

たとえば、以下のような問題が出題されたとします。

> 【問題】　地中海沿岸地域の家屋では、自然環境に対応して壁の色に工夫が施されています。何色でしょうか？

答えは、「白色」なのですが、地理を学ぶうえでもっとも重要なのは、「この事実をどのように理解するか？」です。

地中海沿岸地域には、夏に小雨、冬にまとまった降雨がある温帯気候が展開します。これを地中海性気候といいます。地中海沿岸地域（南ヨーロッパやアフリカ北西部）以外では、アフリカ大陸南西部、オーストラリア大陸南西部、アメリカ合衆国の太平洋岸（西部）、南アメリカ大陸南西部など、主に大陸の西岸に地中海性気候が展開します。

夏に小雨となるため、年降水量はそれほど多くありません。そのため、一年中平均して降水がある地域（日本や西ヨーロッパ地域など）と比べると、植物はそれほど多くはみられず、**家屋の材料となる木材が豊富に存在するわけではありません**。だから、**石造りの家屋も作られます**。また、地中海沿岸地域は石灰岩が多く分布しているため、これを利用して**壁を白く塗ります**。夏は晴れの日が多く、あまり雲が出ないことから、地表に太陽エネルギーが多く到達します。そこで、熱を吸収しにくい白色が好まれるのです。

● 輸出品目の背景にあるのは？

次は、アイスランドを例に「地理的なものの見かた・考えかた」に触れましょう。

北ヨーロッパの島国に、アイスランドがあります。国土のすぐ北側を北緯66.6度が通過する国であり、非常に寒冷な国です。しかし、南側の海域は暖流の北大西洋海流が流れ、南部では比較的温暖な気候です。しかし、北方の海域は寒流の東グリーンランド海流が流れているため、北部では寒冷な気候が展開します。このように、暖流と寒流が会合することから、**沖合では潮目が形成され、魚が豊富な漁場となっています**。

アイスランド近海は、魚介類が豊富にとれる潮目が形成されている！

　アイスランドはプレート境界に位置しているため、火山が多い国として知られ、地熱発電や、ブルーラグーンと呼ばれる世界最北の温泉があることも有名です。

　アイスランドが位置する緯度帯は、**偏西風**の影響を強く受けます。国土の西側は海なので、その上を通過してくる偏西風は非常に湿度が高く、国土の西部に雨をもたらします。もともと寒冷な国で、降水量が多いことから、かつて氷河に覆われていた時期があります。そのため、氷河によって削られた深い谷がいたるところでみられ、この谷が海に沈んで、**フィヨルド**を形成しています。氷河の侵食によってできた谷では、土地の高低差を利用して水力発電が行われています。アイスランドで作られる電気のおよそ4分の3は水力発電によるもので、わずかに行われている風力発電と合わせて、**アイスランドではすべての電気を再生可能エネルギー（自然エネルギー）でまかなっています。**

ポイント！

アイスランドでは、すべての電気が再生可能エネルギーで作られる！

　アルミニウムは、アルミナを電気分解して生産されます。その際に大量の電気を必要とするため、安価な電気が必要になります。アイスランドの電気は再生可能エネルギーで発電されるため非常に安く、実際にたくさんのアルミニウムが生産されています。

　さらにアイスランドは人口がおよそ35万人しかいないため、生産したアルミニウムや捕獲した魚介類などは、**すべて国内で消費できず、輸出に回されます。**

　こうした理由で、アイスランドの輸出品目は、1位が「アルミニウム」、2位が「魚介類」となっているわけです。

　地理的なものの見かた・考えかたは、重要用語の暗記では身につきません。「アイスランドではアルミニウムと魚介類の輸出がさかんである」ことを多角的に理解することが重要なのであって、「アルミニウム」と「魚介類」を覚えることが地理の勉強ではないのです。

　本書を読んでくださっている皆さんに、「地理を学ぶとおもしろい！」「地理を学んで新しい視点が持てた！」と思ってもらえるとうれしいです。

☝ 地形図の読みかた

　地理を学ぶうえで大切な資料のひとつに、地形図があります。地形図には、土地の起伏や、施設の位置などの情報が正確に示されています。ここでは、地形図を読むときの基本ルールを解説します。

① 地図の縮尺

　縮尺とは、「実際の距離との比」のことです。地図上に表すときに、実際の距離をどれだけの割合で縮めているかを表します。

　右の図アの a はタテ・ヨコともに長さが $\frac{1}{2}$ になっているので、縮尺は $\frac{1}{2}$ です。タテもヨコも $\frac{1}{2}$ になっていることから、面積は $\frac{1}{4}$（＝ $\frac{1}{2} \times \frac{1}{2}$）に縮小されています。

　辺 AB と辺 AD が 4 m の正方形をオレンジ色の正方形に縮めるとすると、正方形 ABCD の面積 4 × 4 ＝ 16m^2 が、オレンジ色の面積 2 × 2 ＝ 4m^2 になるため、$\frac{1}{4}$ になっています。

　図イの b は、タテ・ヨコともに長さが $\frac{1}{4}$ になっているので、縮尺は $\frac{1}{4}$ です。

　a と b を比べると、a は縮尺 $\frac{1}{2}$、b は縮尺 $\frac{1}{4}$ なので、a のほうが縮尺が大きいことになります。$\frac{1}{25000}$ と $\frac{1}{50000}$ を比べるのであれば、$\frac{1}{25000}$ のほうが、縮尺が大きくなります。

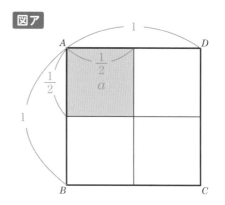

図ア

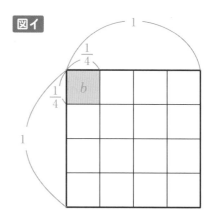

図イ

　縮尺がわかると、地形図上の長さから実際の距離を求めることができます。

実際の距離＝地図上の長さ×縮尺の分母 となるため、$\frac{1}{25000}$ の縮尺の地形図で 3 cm であれば、3 cm ×25000 ＝ 75000cm、つまり 750m となります。

② 方位

　地形図で主に用いられる方角は、右の八方位です。東西南北の四方位に、北東・北西・南東・南西が加わったものです。

　地図上に方位を表す記号や緯線、経線がない場合は、上が北となります。

③ 等高線

　等高線は同じ標高の地点を結んだ線のことです。下の左の図のように、傾斜が急になるところは等高線の間隔が狭くて密になり、傾斜がゆるやかなところは等高線の間隔が広くなります。

　下の右の図のように、標高が高いほうに食い込んでいるところが谷、反対に低いほうに向かって張り出しているところが尾根になります。

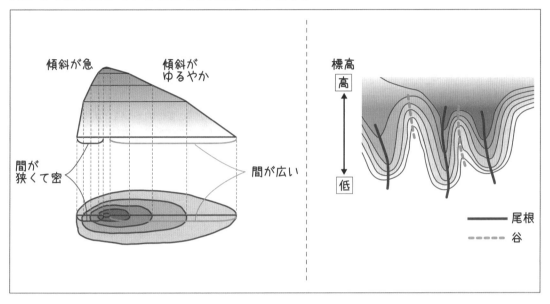

④ 地図記号

　地図で使用される記号は、建物や施設を示すもの、道路や線路などの交通関係のもの、田んぼや畑、果樹園などの土地利用にかかわるものなどがあります。

　右は、主な地図記号です。地図記号を見ただけで、その意味がわかるようにしておきましょう。

◎ 市役所	⊕ 保健所	⊞ 田	△ 三角点
○ 町村役場	⌂ 老人ホーム	⋁ 畑	⊡ 水準点
⚲ 官公署	卍 寺院	⚬ 果樹園	⊐⊏ 橋
文 小・中学校	卄 神社	∴ 茶畑	⊨ 鉄道・駅
⊗ 高等学校	☼ 工場	Υ くわ畑	郡・市の境界・東京都の区界
⊤ 郵便局	⚙ 発電所・変電所	荒地	都・府県の境界
⚖ 裁判所	▥ 図書館	広葉樹林	市街地
◇ 税務所	血 博物館・美術館	針葉樹林	⌂ 自然災害伝承碑
Y 消防署	☼ 灯台		
⊗ 警察署	⚏ 風車		
× 交番	⊓ 城跡		
⊞ 病院	♨ 温泉		

意味つき索引

著者紹介

宮路　秀作 （みやじ・しゅうさく）

◉──代々木ゼミナール地理講師、コラムニスト。鹿児島市出身。

◉──学習塾講師を経て、2008年から代々木ゼミナールの講師となる。「東大地理」「共通テスト地理」などの講座を担当する実力派。代ゼミ新潟校・名古屋校で開講されたオリジナル講義は、100人の教室が初年度から満席。あまりの人気に、翌年から全国の校舎・サテライン予備校で配信されるようになる。現在は、対面授業、サテライン授業あわせて、1週間で2000人以上の生徒を指導している。

◉──生徒のアンケートでは、2008年度から連続で全国1位を獲得。また、現役の高校教員に向けて学生への教えかたを指南する「教員研修セミナー」の地理講師を務めるなど、「代ゼミの地理の顔」として活躍する。

◉──コラムニストとしては、朝日中高生新聞や朝日小学生新聞、南日本新聞での連載コラムの執筆や、TBSラジオ「伊集院光とらじおと」、渋谷のラジオ「渋谷の工事」への出演など、各種メディアに活動の幅を広げている。また、YouTubeチャンネル「みやじまんちゃんねる」でも、地理のおもしろさを発信中。

◉──講義の指針は、「地理とは、地球上の理である」ことを理解させること。日常生活の延長にある「地理」を通して現代世界を学び、さらに「なぜそうなったのか？」をていねいに解き明かす講義は、9割以上の生徒から「地理を学んでよかった！」と好評。

◉──著書に『経済は地理から学べ！』（ダイヤモンド社）、『目からウロコのなるほど地理講義　系統地理編』『目からウロコのなるほど地理講義　地誌編』（いずれも学研プラス）、『カリスマ講師の日本一成績が上がる魔法の地理ノート』『大学入試 マンガで地理が面白いほどわかる本』（いずれもKADOKAWA）などがある。2017年日本地理学会賞（社会貢献部門）受賞。

公式ウェブサイト：miyajiman.com
ツイッター：@miyajiman0621

かんき出版 学習参考書のロゴマークができました！

明日を変える。未来が変わる。

マイナス60度にもなる環境を生き抜くために、たくさんの力を蓄えているペンギン。
マナPenくんは、知識と知恵を蓄え、自らのペンの力で未来を切り拓く皆さんを応援します。

マナPenくん®

改訂版 中学校の地理が1冊でしっかりわかる本

2017年8月7日　　初版　第1刷発行
2021年5月17日　　改訂版第1刷発行
2023年11月1日　　改訂版第4刷発行

著　者──宮路　秀作
発行者──齊藤　龍男
発行所──株式会社かんき出版
　　　　　東京都千代田区麹町4-1-4 西脇ビル　〒102-0083
　　　　　電話　営業部：03(3262)8011代)　編集部：03(3262)8012代)
　　　　　FAX　03(3234)4421　　振替　00100-2-62304
　　　　　https://kanki-pub.co.jp/
印刷所──シナノ書籍印刷株式会社

・カバーデザイン
　Isshiki
・本文デザイン
　二ノ宮　匡（ニクスインク）
・DTP
　畑山　栄美子（エムアンドケイ）
　茂呂田　剛（エムアンドケイ）
・図版・イラスト
　佐藤　百合子
・写真
　宮路　秀作